ROCK 'N' ROLL
IN SIMPLE
SPANISH

Learn Spanish the Fun Way with the
History & Theory of Rock'n'Roll

For Low- to High-Intermediate Learners (CEFR B1-B2)

by Olly Richards

Edited by Eleonora Calviello
Prof. Manuel García Albornoz, Academic Editor

Rock 'n' Roll in Simple Spanish: Learn Spanish the Fun Way with the History & Theory of Rock'n'Roll

FREE STORYLEARNING®
KIT

Discover how to learn foreign languages faster & more effectively through the power of story.

Your free video masterclasses, action guides, & handy printouts include:

- A simple six-step process to maximise learning from reading in a foreign language

- How to double your memory for new vocabulary from stories

- Planning worksheet (printable) to learn faster by reading more consistently

- Listening skills masterclass: "How to effortlessly understand audio from stories"

- How to find willing native speakers to practise your language with

To claim your FREE StoryLearning® Kit, visit:

www.storylearning.com/kit

LET'S LISTEN TOGETHER!

To enhance your learning experience, we have
created a playlist with all of the songs
mentioned in this book.

Just follow the link below and enjoy
over 35 hours of rock'n'roll!

https://storylearning.com/rock-n-roll/playlist

WE DESIGN OUR BOOKS TO BE INSTAGRAMMABLE!

Post a photo of your new book to Instagram

using #storylearning and you'll get an entry

into our monthly book giveaways!

Tag us **@storylearningpress** to make sure we see you!

BOOKS BY OLLY RICHARDS

Olly Richards writes books to help you learn languages through the power of story. Here is a list of all currently available titles:

Short Stories in Danish For Beginners
Short Stories in Dutch For Beginners
Short Stories in English For Beginners
Short Stories in French For Beginners
Short Stories in German For Beginners
Short Stories in Icelandic For Beginners
Short Stories in Italian For Beginners
Short Stories in Norwegian For Beginners
Short Stories in Brazilian Portuguese For Beginners
Short Stories in Russian For Beginners
Short Stories in Spanish For Beginners
Short Stories in Swedish For Beginners
Short Stories in Turkish For Beginners

Short Stories in Arabic for Intermediate Learners
Short Stories in English for Intermediate Learners
Short Stories in Italian for Intermediate Learners
Short Stories in Korean for Intermediate Learners
Short Stories in Spanish for Intermediate Learners

101 Conversations in Simple English
101 Conversations in Simple French

All titles are also available as audiobooks. Just search your favourite store!

For more information visit Olly's author page at:
www.storylearning.com/books

ABOUT THE AUTHOR

 Olly Richards is a foreign language expert and teacher. He speaks eight languages and has authored over 30 books. He has appeared in international press, from the BBC and the Independent to El País and Gulf News. He has featured in language documentaries and authored language courses for the Open University.

Olly started learning his first foreign language at the age of 19, when he bought a one-way ticket to Paris. With no exposure to languages growing up, and no natural talent for languages, Olly had to figure out how to learn French from scratch. Twenty years later, Olly has studied languages from around the world and is considered an expert in the field.

Through his books and website, StoryLearning.com, Olly is known for teaching languages through the power of story – including the book you are holding in your hands right now!

You can find out more about Olly, including a library of free training, at his website:

www.storylearning.com

CONTENTS

INTRODUCTION

I have a golden rule when it comes to improving your level and becoming fluent in a foreign language: Read around your interests. When you spend your time reading foreign language content on a topic you're interested in, a number of magical things happen. Firstly, you learn vocabulary that is relevant to your interests, so you can talk about topics that you find meaningful. Secondly, you find learning more enjoyable, which motivates you to keep learning and studying. Thirdly, you develop the habit of spending time in the target language, which is the ultimate secret to success with a language. Do all of this, and do it regularly, and you are on a sure path to fluency.

But there is a problem. Finding learner-friendly resources on interesting topics can be hard. In fact, as soon as you depart from your textbooks, the only way to find material that you find interesting is to make the leap to native-level material. Needless to say, native-level material, such as books and podcasts, is usually far too hard to understand or learn from. This can actually work against you, leaving you frustrated and demotivated at not being able to understand the material.

In my work as a language educator, I have run up against this obstacle for years. I invoke my golden rule: "Spend more time immersed in your target language!", but when students ask me where to find interesting material at a suitable level, I have no answer. That is why I write my books, and why I created this series on non-fiction. By creating learner-friendly material on interesting and important topics, I hope to make it possible to learn your target language faster, more effectively, and more enjoyably, while learning about things that matter to you. Finally, my golden rule has become possible to follow!

The History of Rock 'n' Roll

Rock 'n' roll has a long and rich history linked to the development of new technologies, the use and transformation of theories, and the expression of an ever-changing society. Its popularity and importance have made it not only a music genre but also a way of life that keeps moving and developing into different artistic expressions. So, join the conversation… in Spanish!

Rock 'n' Roll in Simple Spanish is the ideal companion to help those with an interest in music improve their Spanish. Not only will you learn the vocabulary you need to talk about music in Spanish but you will also deepen your knowledge of the key concepts and artists that made rock 'n' roll one of the biggest genres of modern times.

This book is written in a simple style that is easy to understand, so you can enjoy learning about rock 'n' roll while improving your Spanish naturally at the same time!

Informative, comprehensive, and reviewed at academic level for accuracy, this book is the perfect way to improve your Spanish while learning about the history of rock 'n' roll.

HOW TO USE THIS BOOK

There are many possible ways to use a resource such as this, which is written entirely in Spanish. In this section, I would like to offer my suggestions for using this book effectively, based on my experience with thousands of students and their struggles.

There are two main ways to work with content in a foreign language:

1. Intensively

2. Extensively

Intensive learning is when you examine the material in great detail, seeking to understand all the content – the meaning of vocabulary, the use of grammar, the pronunciation of difficult words, etc. You will typically spend much longer with each section and, therefore, cover less material overall. Traditional classroom learning generally involves intensive learning.

Extensive learning is the opposite of intensive. To learn extensively is to treat the material for what it is – not as the object of language study, but rather as content to be enjoyed and appreciated. To read a book for pleasure is an example of extensive reading. As such, the aim is not to stop and study the language that you find, but rather to read (and complete) the book.

There are pros and cons to both modes of study and, indeed, you may use a combination of both in your approach. However, the "default mode" for most people is to study *intensively*. This is because there is the inevitable temptation to investigate anything you do not understand in the pursuit of progress and hope to eliminate all mistakes. Traditional language education trains us to do this. Similarly, it is not obvious to many readers how extensive study can be effective. The uncertainty and ambiguity can be uncomfortable: "There's so much I don't understand!"

In my experience, people have a tendency to drastically overestimate what they can learn from intensive study and drastically underestimate what they can gain from extensive study. My observations are as follows:

- **Intensive learning**: Although it is intuitive to try to "learn" something you don't understand, such as a new word, there is no guarantee you will actually manage to "learn" it! Indeed, you will be familiar with the feeling of trying to learn a new word, only to forget it shortly afterwards! Studying intensively is also time-consuming, meaning you can't cover as much material.

- **Extensive learning**: By contrast, when you study extensively, you cover huge amounts of material and give yourself exposure to much more content in the language than you otherwise would. In my view, this is the primary benefit of extensive learning. Given the immense size of the task of learning a foreign language, extensive learning is the only way to give yourself the exposure to the language that you need in order to stand a chance of acquiring it. You simply can't learn everything you need in the classroom!

When put like this, extensive learning may sound quite compelling! However, there is an obvious objection: "But how do I *learn* when I'm not looking up or memorising things?" This is an understandable doubt if you are used to a traditional approach to language study. However, the truth is that you can learn an extraordinary amount *passively* as you read and listen to the language, but only if you give yourself the opportunity to do so! Remember, you learned your mother tongue passively. There is no reason you shouldn't do the same with a second language!

Here are some of the characteristics of studying languages extensively:

Aim for completion: When you read material in a foreign language, your first job is to make your way through from beginning to end. Read to the end of the chapter or listen to the entire audio without worrying about things you don't understand. Set your sights on the finish line and don't get distracted. This is a vital behaviour to foster because it trains you to enjoy the material before you start to get lost in the details. This is how you read or listen to things in your native language, so it's the perfect thing to aim for!

Read for gist: The most effective way to make headway through a piece of content in another language is to ask yourself: "Can I follow the gist of what's going on?" You don't need to understand every word, just the main ideas. If you can, that's enough! You're set! You can understand and enjoy a great amount with gist alone, so carry on through the material and enjoy the feeling of making progress! If the material is so hard that you struggle to understand even the gist, then my advice for you would be to consider easier material.

Don't look up words: As tempting as it is to look up new words, doing so robs you of time that you could spend reading the material. In the extreme, you can spend so long looking up words that you never finish what you're reading. If you come across a word you don't understand… Don't worry! Keep calm and carry on. Focus on the goal of reaching the end of the chapter. You'll probably see that difficult word again soon, and you might guess the meaning in the meantime!

Don't analyse grammar: Similarly to new words, if you stop to study verb tenses or verb conjugations as you go, you'll never make any headway with the material. Try to *notice* the grammar that's being used (make a mental note) and carry on. Have you spotted some unfamiliar grammar? No problem. It can wait. Unfamiliar grammar rarely prevents you from understanding the gist of a passage, but can completely derail your reading if you insist on looking up and studying every grammar point you encounter. After a while, you'll be surprised by how this "difficult" grammar starts to become "normal"!

You don't understand? Don't worry! The feeling you often have when you are engaged in extensive learning is: "I don't understand". You may find an entire paragraph that you don't understand or that you find confusing. So, what's the best response? Spend the next hour trying to decode that difficult paragraph? Or continue reading regardless? (Hint: It's the latter!) When you read in your mother tongue, you will often skip entire paragraphs you find boring, so there's no need to feel guilty about doing the same when reading Spanish. Skipping difficult passages of text may feel like cheating, but it can, in fact, be a mature approach to reading that allows you to make progress through the material and, ultimately, learn more.

If you follow this mindset when you read Spanish, you will be training yourself to be a strong, independent Spanish learner who doesn't have to rely on a teacher or rule book to make progress and enjoy learning. As you will have noticed, this approach draws on the fact that your brain can learn many things naturally, without conscious study. This is something that we appear to have forgotten with the formalisation of the education system. But, speak to any accomplished language learner and they will confirm that their proficiency in languages comes not from their ability to memorise grammar rules, but from the time they spend reading, listening to, and speaking the language, enjoying the process, and integrating it into their lives.

So, I encourage you to embrace extensive learning, and trust in your natural abilities to learn languages, starting with... The contents of this book!

THE SIX-STEP READING PROCESS

Here is my suggested five-step process for making the most of each chapter in this book:

1. **Read the short key points summarizing the chapter.** This is important, as it sets the context for the whole chapter, helping you understand what you are about to read. Take note of the main points discussed in each sub-section and if you need to remember what you should be focusing on, go back to the key points section.

2. **Read the short chapter all the way through without stopping.** Your aim is simply to reach the end of the section, so do not stop to look up words and do not worry if there are things you do not understand. Simply try to follow the gist of the chapter.

3. **Go back and read the same sub-section a second time.** If you like, you can read in more detail than before, but otherwise simply read it through one more time, using the vocabulary list to check unknown words and phrases where necessary.

4. By this point, you should be able to follow the gist of the chapter. **You might like to continue to read the same section a few more times until you feel confident.** Ask yourself: "Did I learn anything new about Western philosophy? Were any facts surprising?"

5. **Move on!** There is no need to understand every word in each paragraph, and the greatest value from the book

comes from reading it through to completion! Move on to the next section and do your best to enjoy the content at your own pace

6. At every stage of the process, there will inevitably be parts you find difficult. Instead of worrying about the things you don't understand, try to focus instead on everything that you do understand, and congratulate yourself for the hard work you are putting into improving your Spanish.

A NOTE FROM THE EDITOR

To retell the whole history of rock 'n' roll is a monumental endeavour. It is a history made out of thousands of bands, artists, producers, and managers who contributed to a genre of music that developed into endless branches and fused with every other genre of music imaginable. This text manages to give the reader a clear view of the evolution of rock 'n' roll through the decades, explaining the musical characteristics of its time while constantly referencing relevant artists and their works. The author clearly explains how rock 'n' roll branched out into an enormous amount of musical sub-genres and gives a very clear explanation of each. Rock 'n' roll music is directly related to and has influenced major historical forces and events, including the civil rights movement, the Vietnam War, and the end of the Soviet Union. It becomes clear how rock 'n' roll has become a commentary of the times, from hedonistic parties, sex, and drugs to eloquent critiques of socio-economic and racial injustices. As one advances through the decades, the creation of and the incorporation into other genres and cultures becomes clear. Rock music becomes more difficult to define, and its direction nowadays is almost impossible to predict, making its future as exciting as the musical genres that preceded it.

It is not enough to understand the history of rock 'n' roll through the artists and their works; one also has to look at the instruments themselves. The technological developments in war equipment throughout the XX century had a direct impact on the evolution of instruments and other electronic musical equipment gear, including speakers and amplifiers. This history is also marked by lucky accidents such as a broken guitar amplifier leading to the development of the iconic distorted guitar and other sounds created by artistic experimentation in studios and live settings. Another relevant part of the history of rock 'n' roll, is the techniques developed to play its instruments. These instrumental techniques characterise the sound of each era and the different musical roles the instruments have had through the time.

This text also explains the core music theory used in rock 'n' roll. Rhythm is the base for almost every genre and style of music. Rock 'n' roll is not an exception considering it was influenced by rhythmic patterns from blues, jazz, and rhythm & blues. Rock 'n' roll's melodies and harmonies originated from blues and other African American musical styles. They were originally based on the blues scale and its idiosyncratic inflections. Moreover, they began to incorporate elements from country, folk and other international genres, and continue to incorporate elements from contemporary genres like electronic and dance music.

This text is an invitation to listen to, experiment with, and experience rock music. Every chapter gives the reader a chance to appreciate mainstream artists by giving insights into their major works while also shedding light on related underground artists, allowing the reader a chance to discover new music and artists.

Prof. Manuel García Albornoz

1: LA HISTORIA DEL ROCK AND ROLL

El rock and roll es un género musical increíblemente popular. Todo el mundo tiene su propia idea de qué es el rock and roll y no existe una definición exacta. Ni siquiera hay un acuerdo sobre qué música entra en la categoría de rock. Es un género tan variado como el país en el que comenzó: los Estados Unidos.

En Estados Unidos **conviven** muchas culturas diferentes. Por eso, **a menudo** es difícil encontrar la fuente de los fenómenos culturales más grandes. Y los orígenes del rock and roll siguen esta tradición. No hay un camino que conduzca al nacimiento del rock, solo una serie de eventos y personas que hicieron posible este género. Muchas de estas personas ni siquiera eran músicos. **Retrocedamos** un poco en el tiempo para entenderlo mejor.

Hacia 1860, inventores como Edouard-Léon Scott de Martinville encontraron, por primera vez, formas de **grabar** el sonido. Su invento, el fonoautógrafo, era una máquina que registraba por escrito las ondas físicas del sonido. Desgraciadamente, Martinville no encontró una manera de reproducir esos registros. Sin embargo, otros inventores continuaron explorando esta nueva tecnología, incluido Thomas Edison. Él inventó el fonógrafo, una máquina que reproducía sonido a partir de cilindros metálicos. Antes de que estos inventos llegaran a la escena, la música siempre era en vivo.

Al principio, el fonógrafo no estaba muy difundido. Apenas en 1902 comenzó a producirse en masa. Mientras tanto, en esos años, el mundo cambió drásticamente, quizás en Estados Unidos más que en cualquier otro lugar. El país estaba **hecho pedazos** después de la Guerra Civil. La abolición de la esclavitud no había resuelto las desigualdades raciales y a los nuevos inmigrantes los explotaban casi hasta la muerte en las fábricas. Fueron tiempos realmente turbulentos.

Ya para esa época, las diversas culturas que convivían en los Estados Unidos se estaban mezclando e influyendo entre sí. La producción en masa de música y otras formas de entretenimiento aceleró ese proceso. Las primeras grabaciones de sonido fueron de **canciones de cuna,** óperas, himnos, melodías populares y música clásica. Sin embargo, un estilo de música de las clases bajas con un ritmo vivo comenzó a **ponerse de moda**: en la década de 1920 llegó la era del jazz, con géneros musicales alegres como el *ragtime* y el *dixieland.*

En las décadas siguientes, vinieron acontecimientos aún más turbulentos, como la Gran Depresión y la Segunda Guerra Mundial. A lo largo de estos tiempos, estos géneros musicales continuaron evolucionando. Incluso se vieron beneficiados por los avances tecnológicos que **trajo** la

Segunda Guerra Mundial, que mejoraron la grabación en cinta magnética y la amplificación del sonido. El desarrollo de la tecnología de semiconductores durante la guerra, por ejemplo, permitió abaratar y mejorar la calidad de los altavoces durante las décadas posteriores. Eso, sumado al auge económico que se produjo a finales de la década de 1940 y principio de la de 1950, **sentó las bases** para un nuevo fenómeno musical.

Para ese momento, el ritmo vivo del que hablamos se había convertido en un género musical llamado "rhythm and blues" o "R&B". **En ese entonces**, la industria comercializaba la música por separado: por un lado, para la audiencia blanca, y por el otro, para la negra. El R&B fue tan exitoso en esta última que los productores musicales decidieron llevar sus canciones a una audiencia blanca más grande. De esta forma, el R&B se mezcló con otros géneros como el country y el folk, los estilos a los que estaban acostumbrados los **oyentes** blancos. ¡Y así es como nació el rock!

A pesar de sus orígenes algo difusos, el rock and roll **cambió las reglas del juego**. El nuevo género tenía un espíritu rebelde y parecía decidido a romper las reglas. El rock fue más que una revolución: también fue una evolución. Unir las audiencias blancas y negras ayudó a impulsar el movimiento por los derechos civiles en Estados Unidos durante la década de 1960. El rock de los años setenta incluyó a más mujeres y llevaba un mensaje de empoderamiento femenino. Hasta el día de hoy, el rock es un género inclusivo y variado.

Esa inclusión es lo que lo vuelve tan popular. Es un género que tiene la capacidad de representarnos a todos. Se construyó sobre la base de experiencias, evoluciones tecnológicas y tradiciones compartidas, sumadas al simple deseo de divertirse. El rock **da ganas** de bailar y por eso es tan contagioso. A pesar de haberse originado en Estados Unidos, rápidamente se extendió a todos los rincones del planeta. Hoy en día, los exponentes del género están por todo el mundo.

A medida que el tiempo pasa, más factores influyen en el sonido final. Desde su aparición, el rock ha tenido un enorme impacto en otras culturas y estilos musicales, y también se ha visto afectado por ellos. Pero, a mediados de la década de 1950, cuando todo comenzó, las cosas eran muy distintas.

De eso hablaremos en la primera parte de este libro: de la historia del rock desde mediados del siglo XX hasta principios del siglo XXI. Pero ese no es el único tema que trataremos aquí. También hablaremos de los fundamentos musicales del rock (la armonía, la estructura ¡y el ritmo!) y describiremos sus principales instrumentos. Finalmente, en la última sección, haremos un repaso por sus representantes más influyentes, famosos y no tanto.

Vocabulario:

(el) acuerdo agreement
conviven (convivir) live together
a menudo often
retrocedamos (retroceder) let's go back
grabar record
hecho pedazos torn to pieces
(las) canciones de cuna lullabies
ponerse de moda become fashionable
trajo (traer) brought
sentar las bases lay the foundations
en ese entonces back then
(los) oyentes listeners
cambió las reglas de juego (cambiar las reglas de juego) changed the rules of the game
da ganas (dar ganas) generates desire

1.1 LA ÉPOCA DORADA DEL RITMO VIVO DEL BACKBEAT

- *Los avances en la tecnología de la grabación y la radio produjeron una nueva industria.*

- *Antes de la década de 1950, la música se había comercializado principalmente para audiencias segregadas. La radio y los discos ayudaron a romper esas barreras.*

- *Entre la Gran Depresión y la Segunda Guerra Mundial, se vivieron tiempos difíciles. A través de la rebeldía y el cinismo, la música reflejaba las dificultades de la época.*

TODOS LOS CAMINOS HACIA 1954

Al igual que el género musical, el término "rock and roll" tiene una historia muy curiosa. La frase *rocking and rolling* (que se puede traducir como "mecerse y rodar") tuvo su primera aparición en alta mar, en el siglo XVII. Se usaba para describir el movimiento de un barco en el océano. "Mecerse" se refería al movimiento hacia adelante y hacia atrás, y "rodar" **aludía** al movimiento de lado a lado. En 1835, se describió un barco que "se mecía y rodaba en ambos extremos del mástil".

Sin embargo, esa metáfora no solo se usaba para describir el movimiento de un barco. Un himno de la misma época se titulaba "Rocked in the Cradle of the Deep" ("Mecido en la cuna de lo profundo"). Este movimiento oscilante comenzó a aparecer en varios himnos, poemas y, finalmente, en la música. En 1881, los artistas y comediantes usaban el término en sus canciones y en el escenario buscando que la audiencia se moviera y riera.

Por otro lado, el término también era útil para describir una dinámica que tenían los esclavos africanos, que vivían en condiciones durísimas. Durante las horas de trabajo y en las reuniones religiosas, usaban una forma de **llamada y respuesta** que funcionaba de la siguiente manera: uno lanzaba una frase y luego el resto respondía con otra. Así, se creaba un ida y vuelta con el mismo movimiento de balanceo del que hablamos, creando un ritmo de "rock and roll".

Con el tiempo, uno de los usos de la frase comenzó a prevalecer sobre el resto. Dada la naturaleza humana, puede que sea fácil adivinar cuál. En el siglo XX, el término "rock and roll" se usaba como metáfora para hablar del baile y del sexo, dos actividades que requieren moverse hacia adelante y hacia atrás, y de lado a lado. Más tarde, el fenómeno musical del rock and roll aprovechó al máximo este **doble sentido**.

Finalmente, el término pasó de las reuniones espirituales y los escenarios a los estudios de grabación. En 1922, la cantante de vodevil y blues Trixie Smith grabó "My Man Rocks Me". Esta canción no se parece en nada al rock que vendría después, pero usaba los términos "rockin'" y "roll". Con el paso de los años, cada vez más canciones usarían esos mismos términos. Los siguientes son algunos ejemplos.

En 1937, Ella Fitzgerald grabó "Rock It For Me".

En 1938, Sister Rosetta Tharpe grabó "Rock Me".

En 1938, Joe Turner grabó "Roll 'Em Pete".

En 1939, Port of Harlem Jazz Band grabó "Rocking the Blues".

Sin embargo, a pesar de que las palabras "rock" y "roll" se usaban en los títulos y las letras de las canciones, todavía nadie había usado oficialmente el término "rock and roll". Eso pasaría apenas unos años después. Lo que sí estaba ocurriendo, en esa época, era un cambio profundo en la industria musical.

Para aquel entonces, los discos no solo se producían en masa, sino que también se podían reproducir en público. Las personas y los músicos que vivían en la ciudad de Nueva York, por ejemplo, podían bailar al ritmo de las nuevas bandas del sur. Quienes querían hacer música podían elegir entre una amplia variedad de influencias. Y por eso se formaron diferentes estilos de jazz y blues, cada uno con sus características únicas.

Se mezclaron todos los géneros musicales que existían hasta el momento: el boogie y el blues del Sur profundo, el western swing de Texas y la música góspel de las iglesias negras. En la década de 1940, cuando estalló la Segunda Guerra Mundial, el rock se estaba gestando bajo las influencias del bebop, el big band y, sobre todo, el R&B.

Muchos de los nuevos artistas de blues adoptaron un tono poco optimista y a menudo indecente. Roy Brown grabó "Good Rocking Tonight", que parodiaba el uso religioso de "rocking" y "rolling". Esto se debía a que la Gran Depresión y la Segunda Guerra Mundial habían cambiado el ánimo de la nación. Había más cinismo y más enojo. Ciudades como Nueva Orleans, Kansas City, San Luis y Chicago, donde la economía estaba en auge después de la guerra, eran ideales para el crudo R&B. Un ejemplo de esto fue Fats Domino, quien en 1949 obtuvo su primer éxito, "The Fat Man", reversionando "Junkers Blues", una canción que trataba sobre los drogadictos.

Estas canciones eran tan populares que los músicos blancos comenzaron a grabar sus propias versiones. En la mayoría de los casos, los artistas blancos atenuaban el significado de las letras y reducían sus connotaciones sexuales. De esa forma, hacían que las canciones fueran aceptables para su audiencia.

A principios de la década de 1950, todavía era peligroso **cruzar fronteras** en las relaciones raciales. Sin embargo, hacerlo podía ser muy lucrativo. Ahmet Ertegun fue un famoso ejecutivo de la discográfica británica Atlantic Records. Él vio el potencial que esta música tenía y grabó a músicos como Professor Longhair, Ruth Brown, Ray Charles y The Drifters. Así, produjo mucha de la música que influyó a rockeros como The Beatles, Elvis, Billy Joel y muchos más.

Estos discos de R&B llegaron al público blanco, que hasta

ese momento escuchaba principalmente swing o country. Y aquí se produjo una división en el árbol genealógico de la música. Por un lado, quedó una rama fuertemente influenciada por el R&B, que continuó con los mismos elementos musicales. Por el otro, nació una rama que comenzó a mezclar los ritmos del R&B con el swing y el country. Esta es la rama que daría lugar al primer rock, que todavía no había sido etiquetado oficialmente con ese nombre. A pesar de eso, la palabras "rock" y "roll" seguían apareciendo en títulos y letras de canciones. En 1944, por ejemplo, Arthur Crudup grabó "Rock Me Mamma", que luego sería cantada por Elvis. Y en 1951, Ike Turner escribió "Rocket 88", considerada por muchos la primera canción de rock de la historia.

Este nuevo género, que tenía un gran ritmo, no solo se escuchaba en discotecas y clubes de baile, sino que también se escuchaba en la radio, y cada vez con más frecuencia. Los primeros presentadores de radio, o *disc jockeys*, como Alan Freed, ponían esta música "**mestiza**". Y en 1951, él fue el primero en llamar a ese particular sonido del R&B "rock and roll". Para 1953, los músicos ya usaban regularmente el nombre "rock and roll" para describir ese nuevo estilo de música con ritmos del *jump blues*[1].

Todo esto sucedió en un momento propicio, ya que la economía de la posguerra estaba **en auge** y muchos estadounidenses estaban conociendo diferentes culturas por primera vez en su vida. La tecnología de grabación avanzaba

---

[1] Jump blues: subgénero del blues, surgido en la década del '30, caracterizado por su ritmo rápido y sus letras humorísticas.

rápido y los músicos tenían una gran demanda. Todos estos factores **confluyeron**, en 1954, en el nacimiento del rock and roll.

LA EXPLOSIÓN DEL ROCK DE 1954-1959

- Casi todas las primeras canciones de rock fueron versiones de canciones de R&B que ya existían.

- A menudo se dice que la aparición de Bill Haley & His Comets en la película *Semilla de maldad* (*The Blackboard Jungle*) fue el comienzo del rock and roll.

- Una gran parte de la sociedad estadounidense creyó que esa música y la mezcla entre las razas negra y blanca eran peligrosas.

Uno de los momentos más influyentes en la historia del rock fue el éxito, en 1955, de "Rock Around the Clock", de Bill Haley & His Comets. Para esta canción, la banda tomó progresiones de acordes del R&B y agregó una percusión más rítmica. La canción se incluyó en los créditos iniciales de la película *Semilla de maldad* (*The Blackboard Jungle*) y llegó al número uno en las listas de éxitos. La película era un drama sobre escuelas interraciales que solo ayudó a resaltar los aspectos sociales del rock.

El evento fue visto como la introducción del rock and roll en la cultura popular e hizo que Bill Haley & His Comets fueran un éxito a nivel nacional. También les fue muy bien con la canción "Shake, Rattle, and Roll", que había sido grabada anteriormente por Joe Turner. Bill Haley cambió la **letra** de la canción original de R&B y la hizo más apropiada para el público blanco. Por esa época, la mayoría de los artistas tenían su primer éxito con versiones de canciones que ya habían sido grabadas, incluido Elvis Presley.

Elvis Presley grabó su primer éxito en 1954, en Sun Records, el sello discográfico de Sam Phillips. La canción era "That's Alright (Mama)", nada menos que la ya conocida "Rock Me Mamma" de Arthur Crudup con un nuevo título. Y aunque Bill Haley tuvo el primer éxito, fue Elvis quien tuvo el mayor éxito de todos. ¡Por algo se lo conoce como el rey del rock and roll!

Sam Phillips, de Sun Records, no solo descubrió al Rey. También firmó con artistas como Roy Orbison, Jerry Lee Lewis, Carl Perkins y Johnny Cash. Elvis y los otros artistas de Sun Records formaban la rama del rock country y R&B conocida como "rockabilly". El ritmo con el que tocaban y sus giros pélvicos hacían enloquecer al público. Sin embargo, mientras muchos se enamoraron de los movimientos sexuales que hacían Elvis y otros músicos, la sociedad en general estaba **enfurecida**.

La gente se dio cuenta de lo **impredecible** y salvaje que podía ser el rock. Cuando era la música de una minoría, el género pasaba desapercibido. Cuando los chicos blancos del sur, guapos e inocentes, se subieron al escenario, muchos temieron una catástrofe moral. Estos artistas cantaban sobre sexo **sin ningún reparo.** Algunos creían que era la música del demonio.

Estos músicos blancos convirtieron al rock en un fenómeno nacional. Pero los artistas negros, que venían haciendo ese R&B rockero desde antes de 1954, se sorprendieron con el **mote** de "nuevo". Algunos artistas del R&B hicieron el pase y alcanzaron la fama, como Fats Domino, Bo Diddley y Ray Charles. Sin embargo, muchos de los primeros innovadores abandonaron la escena o tuvieron que pelear por ser reconocidos, como Ike Turner.

Little Richard comenzó a tocar el género con un tempo más rápido y con más florituras de piano. Su estilo cambió las reglas del juego; por eso se lo conoce como el arquitecto del rock and roll. Chuck Berry, por su parte, fue uno de los pioneros de la guitarra eléctrica y así se ganó el **apodo** de "padre del rock". A pesar de que tocaban diferentes instrumentos, ambos **encarnaban** el rock.

Además de los artistas blancos y negros, también hubo músicos de otras etnias que irrumpieron en la escena, como el músico chicano Ritchie Valens. Por otro lado, si bien el rock and roll estaba demostrando ser bastante diverso para los hombres, en los primeros tiempos había poco lugar para las mujeres. Sin embargo, en la década de 1950, Wanda Jackson, Etta James, Ruth Brown y muchas otras mujeres alcanzaron el éxito, lo que demostró que ellas también podían rockear.

En un principio, los productores tomaron un riesgo al grabar discos con música de estos nuevos ritmos. Pero, una vez que se abrieron las puertas de la audiencia blanca, ¡no había tiempo suficiente para producir rock and roll! Esa es una de las razones por las que se reversionaban viejos éxitos: no se llegaba a escribir canciones nuevas para satisfacer la demanda. Y, a medida que el rock explotaba, comenzó a diversificarse aún más en nuevos estilos de música.

El "doo wop" era una variante del rock que dependía en gran medida de la voz. Este género ya se había tocado antes, dentro del R&B, pero ahora se estaba convirtiendo en parte del rock. Los principales exponentes eran grupos negros como The Drifters, The Coasters y The Penguins. Sin embargo, el estilo también fue utilizado por bandas blancas como Dion y The Belmont's. Dentro de las influencias del doo wop se puede mencionar a productores y compositores de origen judío, lo que prueba que el rock estaba efectivamente mezclando las diferentes culturas de los Estados Unidos.

Y, una vez más, la tecnología hacía posible probar cosas nuevas, especialmente con la amplificación. Por ejemplo, Link Wray hizo un **agujero** con un lápiz en el amplificador de su guitarra para obtener el sonido estruendoso de la canción "Rumble!". Esta distorsión provocó un nuevo estilo musical conocido como surf rock, que luego influiría nada menos que a The Beach Boys.

A medida que avanzaba la década de 1950, y gracias a que la amplificación había aumentado su presencia, la guitarra reemplazó al piano como el instrumento predominante en el rock. Eso se convirtió en una de las marcas identitarias del género, aunque, desde sus comienzos, no hubo una canción o un ritmo particular que lo definieran. Cada estilo dentro del rock se ajustó al movimiento popular de la época.

Buddy Holly tenía un sonido de rock country y western, Eddie Cochran hacía un rockabilly con onda y los Platters cantaban baladas doo wop. Algunos artistas eran explícitos con las insinuaciones sexuales, como Little Richard, y otros tenían una imagen más limpia, como Frankie Lymon o The Big Bopper. Mientras pudieran venderles el nuevo género a los fanáticos, había lugar para casi todos.

Todos estos estilos tenían en común que eran atractivos para los jóvenes. Para ellos, el rock and roll era una forma de rebelarse contra el sistema. Sin embargo, muchos adultos lo veían como algo peligroso, algo que podía provocar la mezcla de culturas. Los artistas blancos, que se estaban atribuyendo el mérito, ponían el foco en este nuevo fenómeno. Sin embargo, pasó un tiempo hasta que la rebeldía del rock produjo un cambio real en la sociedad. El filósofo griego Platón dijo: "Cuando los modos de la música cambian, las leyes fundamentales del estado cambian con ellos". Siglos después, la llegada del rock demostró que tenía razón.

LA DECADENCIA Y EL CAMBIO DE 1959-1964

El rock no murió a finales de los años cincuenta. Por el contrario, el fenómeno se extendió.

A principios de la década de 1960, parecía que el espíritu de rebelión se había calmado.

El rock no se proponía cambiar la sociedad, pero la influencia que ejerció en quienes lo escuchaban hizo que eso sucediera de todos modos.

Algunos historiadores afirman que, a finales de los años cincuenta, el rock estaba **en declive**. Una de las causas había sido el accidente aéreo de 1959 en el que murieron Buddy Holly, Ritchie Valens y The Big Bopper. Años más tarde, el músico Don McLean cantaría sobre este hecho y sobre "el día en que murió la música" en su canción "American Pie". Pero esas no fueron las únicas tragedias en el género, ya que en la misma época murieron Frankie Lymon y Eddie Cochran.

Para 1960, había muchos escándalos relacionados con la muerte, con las drogas y hasta con el lavado de dinero. El *disc jockey* Alan Freed, que, como vimos, había acuñado el término rock and roll, estaba metido en problemas por aceptar **sobornos** para promocionar ciertas canciones. Y ese es solo el comienzo de una larga historia de locura en el rock. Aparentemente, con un espíritu tan rebelde, vienen muchísimos problemas.

Sin embargo, nada de eso estaba matando al rock. El género simplemente estaba cambiando y ramificándose en nuevos estilos. Johnny Cash, Jerry Lee Lewis y otros de los primeros rockeros habían comenzado a moverse hacia la música country. Muchos consideraban que el verdadero rock and roll, el más puro, era la música de los años cincuenta. Pero el género no estaba muriendo; lo que sucedía era que músicos de orígenes muy distintos estaban modificando el rock y lo estaban llevando en otras direcciones.

La música pop es la que pretende gustar a todas las audiencias. Cuando se combinó con el rock, generó

altísimas ventas de discos, como en el caso de The Monkees, una banda diseñada por una cadena de televisión para apelar a este nuevo mercado. En los años sesenta, los artistas y productores ya sabían que había muchísimo dinero detrás de esta combinación, y vieron que tenía sentido atenuar el mensaje rebelde. Algunos fanáticos consideraron que se estaban vendiendo al mercado, pero a otros les gustó el lado más suave del rock. Tanto el R&B negro como la música rock inspirada en el country blanco bajaron un tono.

El aumento en la popularidad y las nuevas variaciones abrieron las puertas a otras identidades. A partir del doo wop y de los grupos de rock vocal, comenzaron a formarse los géneros del soul y el motown. Se reemplazaron los éxitos del R&B, que solían ser **ásperos** y hasta **crudos**, por fuertes armonías vocales que hablaban sobre el amor y el baile. Artistas como Sam Cooke, Isaac Hayes, The Temptations y Wilson Pickett fueron muy exitosos en estos nuevos estilos.

Muchos grupos femeninos, scomo The Shangri Las, Martha and the Vandellas, The Ronettes y The Supremes, aprovecharon este estilo de rock más suave. Las mujeres todavía no podían formar parte del rock rebelde, porque necesitaban mostrar una imagen más limpia. Lo mismo les ocurría a Brenda Lee, Lesley Gore y otras artistas solistas, que hacían un rock **apto para todos los públicos.**

El pop y el soul no fueron los únicos géneros en los que las mujeres empezaron a aparecer más. Durante mucho tiempo, la música folk había sido uno de los géneros con más representación femenina. Algunas de esas músicas hicieron la transición a los ritmos del rock. Joan Baez y Judy Collins demostraron que las mujeres podían cantar y escribir grandes canciones. En Greenwich Village, en Nueva York, florecieron muchas artistas del folk-rock. Y lo mismo podemos decir de artistas masculinos, por ejemplo, Simon & Garfunkel, que surgieron de esta misma escena neoyorquina.

En sus inicios, el rock se había visto muy influenciado por la música folk, que luego se alejó de él. Sin embargo, en la década de 1960, los géneros se acercaron de nuevo. Bob Dylan, que se había iniciado como cantante de folk, fue un gran ejemplo de este acercamiento. Según los estándares de la época, su voz era terrible, pero sus letras resonaban muy **hondo**. Muchas estrellas de rock que vinieron después se inspiraron en su forma de componer.

De todas formas, no toda la música de la época tenía un mensaje social. Por ejemplo, el rockabilly se había alejado del country y las bandas de rock más duro de los años cincuenta se habían pasado al "garage rock" y al "surf rock". Dentro del garage rock, había canciones como "Louie, Louie", con letras tan confusas que el gobierno de los Estados Unidos creyó que era necesario investigarlas. Eso fue una muestra del miedo que el mundo le tenía a la música rock. Por su parte, el sonido del surf rock estaba dominado por The Beach Boys, que mezclaron el pop de la clase media blanca con las armonías vocales de los grupos de soul. El rock que hacían estaba orientado a la juventud, con canciones sobre montar en coche, tener citas e ir a la escuela.

A medida que avanzaba la década de 1960, la sociedad se dio cuenta de que, en lugar de luchar contra el rock, podían intentar **sacarle provecho**. La comercialización de este género no se limitó solo a la producción de discos y, como siempre, los avances en la tecnología dieron una mano. La televisión ya había exhibido las **piernas de goma** de Elvis y, para 1960, había cincuenta y dos millones de televisores en los hogares estadounidenses. Eso hacía que los artistas de rock tuvieran aún más influencia sobre su audiencia, lo que les exigía una imagen más limpia. En comparación con la rebelión y la agresividad de los primeros años, esta era del rock fue mucho más tranquila. En ese contexto, llegaron a la escena musical los primeros ídolos adolescentes de la televisión, como Ricky Nelson, quien, después de algunos años como actor infantil en el programa *The Adventures of Ozzie & Harriet*, apareció en las listas de los más vendidos con su single debut "I'm Walkin'". Para aquel entonces, ¡tenía solo diecisiete años! La televisión también hizo que la moda del baile se extendiera por todo el mundo con "The Twist", de Chubby Checker, y otras canciones similares.

La música rock había surgido en tiempos difíciles, a partir de la lucha de clases, el escapismo y la rebelión. Sin embargo, en la década de 1950, la vida había mejorado para la mayoría de las personas y había menos razones para estar **disconformes**. Así, diez años después de su aparición, una gran parte del género había sido suavizado para que vendiera más. Hasta el áspero garage rock buscaba más ser ruidoso que rebelde.

Pero el rock no había decaído ni desaparecido, simplemente había bajado un tono para poder llegar a una audiencia más grande y vender más. Ese espíritu rebelde de los comienzos del rock todavía **se cocinaba a fuego lento** y solo necesitaba que sucediera algo grande para volver a despertar. Mientras tanto, en los Estados Unidos estaban recortando los programas sociales y, a medida que se integraban nuevas culturas, las desigualdades raciales se hacían más evidentes. Además, a finales de 1963, el presidente John Fitzgerald Kennedy fue asesinado. La sociedad estaba preparada para el cambio y el rock la ayudó a ir en esa dirección. Sin embargo, esta vez no fueron los músicos de los Estados Unidos los causantes del estallido.

Vocabulario:

aludía (aludir) alluded
llamada y respuesta call-and-response
doble sentido double entendre
(el) paraguas umbrella
cruzar fronteras cross borders
mestiza crossbreed
en auge booming
confluyeron (confluir) converged
(la) letra lyric
enfurecida enraged
impredecible unpredictable
sin ningún reparo without compunction
(el) mote nickname
(el) apodo nickname
encarnaban (encarnar) embodied
(el) agujero hole
en declive downhill
(los) sobornos bribes
altísimas very high
ásperos rough

crudos raw
apto para todo público suitable for all audiences
hondo deep
sacarle provecho take advantage
(las) piernas de goma rubber legs
disconformes dissatisfied
se cocinaba a fuego lento (cocinarse a fuego lento) was cooked over low heat

¡Escuchemos!

Todos los caminos hacia 1954
"Rocked in the Cradle of the Deep" – Malcom McEachern
"My Man Rocks Me" – Trixie Smith
"Rock it for Me" – Ella Fitzgerald
"Rock Me" – Sister Rosetta Tharpe
"Good Rocking Tonight" – Roy Brown
"Junker's Blues" – Champion Jack Dupree
"The Fat Man" – Fats Domino
"Rock Me Mama" – Arthur 'Big Boy' Crudup

"Rocket 88" – Ike Turner

La explosion del rock de 1954-1959
"Rock Around the Clock" – Bill Haley & His Comets
"Shake, Rattle and Roll" – Bill Haley & His Comets
"That's All Right Mama" – Elvis Presley
"Good Golly Miss Molly" – Little Richard
"You Never Can Tell" – Chuck Berry
"Long Tall Sally" – Wanda Jackson
"Something's Got a Hold On Me" – Etta James
"Some Kind of Wonderful" – The Drifters
"Yakety Yak" – The Coasters
"The Twist" – Dion & The Balmonts
"Rumble" – Link Wray
"Summertime Blues" – Eddie Cochran
"Why Do Fools Fall in Love" – Frankie Lymon & The Teenagers

La decadencia y el cambio de 1959-1964

"Blue Monday" – Buddy Holly

"La Bamba" – Ritchie Valens

"American Pie" – Don McLean

"Great Balls of Fire" – Jerry Lee Lewis

"I'm A Believer" – The Monkees

"Twistin' the Night Away" – Sam Cooke

"Papa Was A Rollin' Stone" – The Temptations

"In the Midnight Hour" – Wilson Pickett

"Nowhere to Run" – Martha Reeves & The Vendellas

"Break It To Me Gently" – Brenda Lee

"Forever Young" – Joan Baez

"Mrs. Robinson" – Simon & Garfunkel

"Blowin' in the Wind" – Bob Dylan

"Louie Louie" – The Kinks

"Wouldn't It Be Nice" – The Beach Boys

"I'm Walkin'" – Ricky Nelson

"The Twist" – Chubby Checker

1.2 LA "BEATLEMANÍA" Y LA INVASIÓN BRITÁNICA

- *The Beatles fueron un fenómeno cultural que cambió el rock and roll y el mundo entero.*

- *Fueron quienes **abrieron el camino** para la llegada de la invasión británica, que ayudó a revivir el rock y a crear nuevos estilos en los Estados Unidos.*

- *La **psicodelia** alcanzó su punto máximo. Luego, todo comenzó a volverse más difícil, más rápido y, a veces, ¡más funky!*

Después de la Segunda Guerra Mundial, Estados Unidos tenía muchas bases militares en el extranjero. A su vez, estas bases tenían una influencia importante en las personas que vivían a su alrededor. Gracias a una base cerca de Liverpool, en Inglaterra, el rock and roll estadounidense y sus instrumentos llegaron a jóvenes británicos como The Beatles. Muchas personas consideran que The Beatles fueron una de las bandas más significativas en la historia del rock. Algunos fanáticos creen que fue la más significativa de todas. Sea como sea, fueron los responsables de un cambio profundo en la escena.

The Beatles no fueron los primeros artistas de rock británico. A finales de la década de 1950, Cliff Richard era como el Elvis de Inglaterra, aunque tenía una imagen un poco más limpia y no bailaba de una manera tan vulgar como Elvis. Cliff Richard tuvo el primer éxito de rock británico con

"Move It". Cuando esa canción salió, The Beatles eran solo un grupo de "skiffle"[2] conocido como The Quarry Men.

Después de cambiar su nombre a The Beatles, tocaron en clubes de Liverpool y Hamburgo, Alemania, y comenzaron a ganar fama en ambos países. Sin embargo, fue en Estados Unidos donde la manía alcanzó otro nivel. Después de una aparición en el programa de Ed Sullivan, en 1964, los estadounidenses perdieron la cabeza. Las jóvenes fanáticas estaban tan enamoradas de los miembros de la banda que llamaron "beatlemanía" al fenómeno.

The Beatles no solo cambiaron la música rock, sino que cambiaron la cultura, la moda e incluso la forma de llevar el cabello. Los cortes *mop-top* con los que aparecieron en la televisión impactaron al público tanto como Elvis **sacudiendo** la cadera. The Beach Boys y otras bandas estadounidenses cambiaron de inmediato su aspecto para adaptarse a esa nueva moda. Fue un poco irónico: The Beatles eran una banda británica que emulaba los inicios del rock and roll y en los Estados Unidos los recibieron como si fueran algo novedoso.

Todos los grupos y los cantantes que mencionamos en la sección anterior sirvieron de inspiración para The Beatles. De hecho, la banda dejó claro que todo su material estaba basado en la música que habían escuchado de adolescentes.

John Lennon incluso escribió una carta en la que afirmaba que Chuck Berry, Bo Diddley y Little Richard habían sido

---

[2] Skiffle: un tipo de música basado en armonías sencillas, con instrumentos acústicos y accesibles.

sus mayores influencias como músico de rock.

Muchos grandes cambios ocurrieron cuando diferentes artistas intentaron sonar como otros. Por ejemplo, The Beatles querían tener letras como las de Bob Dylan y armonías vocales como las de The Beach Boys. Quedaron tan asombrados con el "muro de sonido" de Phil Spector (una fórmula de producción para grabaciones), que más tarde lo contrataron. Sus canciones muestran cómo los distintos estilos del rock comenzaban a pasar de un lado a otro.

Sus primeros trabajos eran melodías simples de pop rock. Algunos ejemplos son "Love Me Do", "Twist and Shout" y "She Loves You". Sin embargo, esas canciones sencillas fueron suficiente para que la gente **se volviera loca**. Con el tiempo, su música se volvió más compleja: evolucionó de simples canciones de rock hasta piezas con instrumentos de orquesta y nuevas tecnologías.

Las canciones de The Beatles eran tan buenas que les abrieron la puerta a otras bandas de Gran Bretaña. A este movimiento se lo llamó la "invasión británica", e incluyó bandas como Herman's Hermits, The Dave Clark Five, Gerry and The Pacemakers, The Zombies y The Hollies. Y, por supuesto, el Spencer Davis Group, con Steve Winwood, quien luego tuvo una sólida carrera como solista.

Muchos de los grupos que pertenecían a la invasión británica intentaban copiar el éxito de The Beatles. En los inicios, hacían música pop con letras orientadas a la juventud, que hablaban sobre el amor y el baile. Sin embargo, no todos los grupos británicos querían tocar canciones pop; algunos querían hacer música realmente vanguardista.

EL REGRESO DEL ÁSPERO BLUES ROCK

En realidad, este estilo no se había ido a ninguna parte, solo que no era tan popular como la música pop de principios de la década de 1960. Pero después de que The Beatles aparecieran en la televisión con sus cabellos largos, muchos grupos **se animaron** a mostrar una imagen un poco más ruda. Se dejaron crecer el pelo y comenzaron a usar los nuevos efectos de guitarra para que su sonido fuera aún más **arenoso**.

A menudo se compara a grupos como The Rolling Stones con The Beatles, pero sus estilos musicales eran bien diferentes. En comparación con The Beatles, los Stones tenían un enfoque más cercano al blues. Además, algunas bandas no buscaban explorar nuevos sonidos, solo querían hacer rock. Y, a pesar de no haber sido tan innovadores, The Rolling Stones tienen una historia increíble y un gran sonido.

Otra banda que no respondía al estilo pop de la invasión británica era The Kinks. A este cuarteto le encantaba usar riffs de acordes de guitarra amplificados, que se pueden escuchar en su canción más famosa, "You Really Got Me". En Inglaterra, este estilo de blues rock se convirtió en el espacio para aquellos que no encajaban en el correcto mundo del pop. Otras bandas de rock británicas se dejaron crecer el cabello y comenzaron a depender más de los efectos y la amplificación. John Mayall & The Bluesbreakers, Fleetwood Mac y The Yardbirds comenzaron en este estilo de rock más pesado. Entre The Yardbirds se encontraban los músicos Jimmy Page y Robert Plant, quienes más tarde fundarían el conjunto musical Led Zeppelin. Eric Clapton, otro famoso músico, tocó en muchos de estos grupos, incluidos Derek and the Dominoes y Blind Faith.

También hubo movimientos en el sentido inverso a la invasión británica: algunos artistas estadounidenses tuvieron que irse a Inglaterra para hacerse famosos. En Estados Unidos, Jimi Hendrix no era más que un guitarrista **de respaldo**, pero en el Reino Unido tuvo sus primeros éxitos. Dominó la escena británica junto a otros guitarristas increíbles como Eric Clapton y Jeff Beck.

La invasión británica estuvo compuesta principalmente por artistas masculinos del pop y el blues rock. La imagen ruda del músico de blues no era socialmente adecuada para una mujer. Petula Clark, Lulu y otras artistas inglesas aún tenían que proyectar más inocencia que sus contrapartes hombres. Sin embargo, en los Estados Unidos, donde los estándares sociales eran un poco más relajados, la revolución del rock para mujeres comenzaba a surgir lentamente.

La beatlemanía desplazó a muchos de los músicos surgidos en Estados Unidos a principios de la década de 1960. Los bailes que habían estado de moda, como "The Twist", de Chubby Checkers, ya no eran tan populares y muchos grupos de pop conservadores se desvanecieron en las sombras. Esto abrió el camino para que surgiera una nueva generación de bandas estadounidenses fuertemente influenciadas por The Beatles.

Pero las transformaciones introducidas por la banda de Liverpool no terminaron ahí. Bob Dylan hizo que The Beatles probaran cannabis, lo que trajo un cambio importante en su música. Además, para expandir la mente, experimentaron con otras drogas, como el LSD, que era legal en ese momento. Luego, hicieron canciones sobre estas experiencias y tanto los fans como los otros músicos los siguieron.

POP ROCK PSICODÉLICO

The Beatles fueron tan influyentes que incluso bandas ya establecidas cambiaron su estilo para alinearse con ellos. Gracias a esta **nueva ola**, en San Francisco tuvo lugar el "Verano del Amor" (o *Summer of Love*, en inglés), justo después del lanzamiento del álbum *Sgt. Pepper's Lonely Hearts Club Band* en mayo de 1967. Se trataba de un álbum psicodélico con muchas referencias al cannabis y a los alucinógenos.

Si bien las drogas habían sido una constante en el rock desde sus inicios, se las asoció sobre todo al movimiento psicodélico. Grateful Dead, por ejemplo, tocó en las primeras fiestas Electric Kool-Aid Acid Test, en las que se proporcionaba LSD. Además de las drogas psicodélicas, las anfetaminas eran muy comunes entre los artistas del género. Grateful Dead había comenzado en la escena hippy de San Francisco, donde el consumo de drogas era muy común. Otras bandas y artistas asociadas a esa ciudad fueron Jefferson Airplane y Janis Joplin.

Muchos de los músicos de la escena del rock psicodélico tenían raíces folk y country. Podemos nombrar bandas y artistas como The Mamas & the Papas, The Byrd's, The Flying Burrito Brothers, Roger McGuinn, Crosby, Stills, Nash & Young y The Band (la banda de apoyo de Bob Dylan que luego grabó la canción "The Weight"). Incluso Creedence Clearwater Revival trataba de sonar como si fueran del sur, a pesar de sus orígenes californianos.

Por supuesto, no todos los artistas de música psicodélica se inspiraban en el folk y el country. Al regresar a los Estados Unidos, Jimi Hendrix se convirtió en uno de los pocos artistas negros del género. Usaba pedales y efectos para hacer **chirriar** su guitarra y sacarle sonidos **salvajes**. Otra banda que tenía un sonido psicodélico de hard rock inglés era Pink Floyd.

Algunos grupos psicodélicos como King Crimson decidieron alejarse del formato de canción exitosa. Empezaron a usar instrumentos distintos, a mezclar estilos que no pertenecían al rock y a tocar canciones muy largas. Más adelante, a este tipo de música se la conoció como rock progresivo. El grupo Procol Harum, un exponente de este género, mezcló música barroca en su éxito "A Whiter Shade of Pale". Esa canción se ha convertido en la descripción perfecta de la locura de finales de los años sesenta.

La música que hacían estos grupos psicodélicos no era tan comercial como el rock tradicional, sino que se enfocaba más en las letras y el mensaje. The Beatles habían inspirado un movimiento masivo de conciencia social y los músicos sintieron que debían tomar una posición en el debate. Los festivales de Woodstock y Altamont no fueron solo conciertos de música: fueron intentos de cambiar el mundo y hacerlo un lugar mejor.

Al igual que en la década de 1950, muchos músicos murieron por **sobredosis** o por complicaciones asociadas al consumo excesivo de alcohol. La libertad de la psicodelia trajo grandes problemas para la salud. Un artista que se dio cuenta de este problema fue Frank Zappa, quien era famoso por poder componer en casi cualquier género. En sus primeros días, a menudo se lo asociaba con el rock hippie, pero él lo **despreciaba**. Le parecía que el uso de drogas, que estaba tan de moda en esa época, era excesivo e indulgente. Pero no eran solo los grupos psicodélicos los que consumían estas sustancias. En la década siguiente, el uso de drogas dentro del rock aumentó.

Vocabulario:

(la) psicodelia psychedelia
abrieron camino (abrir camino) paved the way
sacudiendo shaking
se volviera loca (volverse loca) went crazy
áspero rough
se animaron (animarse) dared
arenoso sandy
de respaldo backup
(la) nueva ola new wave

chirriar squeak
salvajes wild
(la) sobredosis overdose
despreciaba (despreciar) despised

¡Escuchemos!

"Move It" – Cliff Richard & The Shadows
"Twist And Shout" – The Beatles
"Love Me Do" – The Beatles
"She Loves You" – The Beatles
"I'll Never Dance Again" – Herman Hermits
"Can't You See That She's Mine" – The Dave Clark Five
"I Like It" – Gerry & The Pacemakers
"She's Not There" – The Zombies
"Long Cool Woman (In a Black Dress) – The Hollies
"Give Me Some Lovin'" – The Spencer Davis Group

El regreso del áspero blues rock
"Jumpin' Jack Flash" – the Rolling Stones
"You Really Got Me" – The Kinks
"Steppin' Out" – John Mayall & The Bluesbreakers
"Go Your Own Way" – Fleetwood Mac
"Heart Full of Soul" – The Yardbirds
"Layla" – Derek & The Dominos
"Hey Joe" – Jimi Hendrix
"Cocaine" – Eric Clapton
"I Put a Spell On You" Jeff Beck (feat Joss Stone)
"Downtown" – Petula Clark
"Shout" – Lulu

Pop rock psicodélico
"Sgt Pepper's Lonely Hearts Club Band" – The Beatles
"Friend of the Devil" – Grateful Dead
"California Dreamin'" – The Mamas & The Papas
"Turn! Turn! Turn! (To Everything There is a Season) – The Byrds
"Dark End of The Street" – The Flying Burrito Brothers
"King of the Hill" – Roger McGuinn
"Almost Cut My Hair" – Crosby, Stills, Nash & Young
"The Weight" – The Band
"Comfortably Numb" – Pink Floyd
"Epitaph" – King Crimsons
"A Whiter Shade of Pale" – Procol Harum
"Peaches En Regalia" – Frank Zappa

1.3 EL ROCK SE VUELVE MÁS DURO

- *A fines de la década de 1960, el rock no **había logrado** los cambios sociales que se había propuesto y el mundo de la música estaba en crisis.*

- *Gracias a The Beatles y a otras bandas, comenzaron a aparecer sonidos extranjeros y exóticos, que venían de la India y el Medio Oriente. Esto le dio un estilo nuevo y extraño al rock.*

- *Una nueva generación de artistas sintió que el rock se había alejado de sus raíces y comenzaron a utilizar la tecnología disponible para hacer que el sonido fuera más crudo y áspero.*

A finales de la década de 1960, Estados Unidos experimentaba una serie de cambios culturales radicales. La Ley de Derechos Civiles de 1964 no había resuelto las **desigualdades** raciales y la guerra de Vietnam solo había empeorado la situación. El **enfrentamiento** se volvió uno de los focos de gran parte de la música rock. A diferencia de la música que surgió tras la Gran Depresión, durante la guerra de Vietnam el tono era mucho más **contestatario**.

En este punto, aparecieron muchos subgéneros dentro del rock. Hubo una rama que se volvió más dura, **canalizando** el enojo social y aprovechando las nuevas tecnologías que permitían la distorsión. Se decía que los grupos que tocaban un blues muy distorsionado hacían "hard rock".

Sin embargo, si los grupos tocaban *power chords* (o acordes de quinta) simples y distorsionados, hoy en día se les dice "proto punk". Básicamente, el hard rock de los comienzos tenía más instrumentación y músicos con un mayor conocimiento de la guitarra.

Por su parte, a medida que avanzaba la década, el pop más ligero de principios de los años sesenta se convirtió a un estilo más rockero, que se conoció como "power pop". Así llamaban al género los mismos grupos que lo tocaban, como The Who. Sus integrantes eran conocidos por hacer excentricidades tanto sobre el excenario como abajo. Circulaban leyendas e historias reales sobre cómo rompían instrumentos, se metían en peleas y **destrozaban** habitaciones de hotel. No les importaba qué pensara el público: querían parecer **dementes**.

Además, la tecnología estaba produciendo otros avances además de la distorsión. Hacia mediados de los sesenta, aparecieron los primeros sintetizadores accesibles, gracias a Robert Moog y a otros inventores. De esta forma nacería un género completamente nuevo: la música electrónica.

En paralelo, el soul y el motown sound ganaron más ritmo. Su música se volvió más funky y **bailable**. Además, las letras de las canciones de motown, que solían ser de amor, pasaron a tocar temáticas más sociales, lo que se aprecia en la canción "What's Going On" de Marvin Gaye.

EL ENCUENTRO DEL SOUL Y EL FUNK

Dentro del rock and roll, los bateristas tocaban, en el platillo *hi hat*, más que nada **corcheas**. Por su parte, los bateristas de funk ralentizaban el tiempo y añadían más **semicorcheas**. Este cambio agregó más síncopas y creó un ritmo repetitivo y atractivo. James Brown fue uno de los primeros innovadores dentro del funk. Él solía enfatizar el compás de entrada de la canción, en el que gritaba: "Hit me!".

Otra característica de la música funk era que no se preocupaba tanto por la melodía o las progresiones armónicas. La guitarra se tocaba en **ráfagas** cortas, excepto por algún solo ocasional. Lo más esencial del funk eran la batería y el bajo, que estaban inspirados en la música afrocubana. No era un género fácil de tocar. Encontrar ese ritmo sincopado perfecto requería mucha práctica.

La banda Sly & the Family Stone fue una de las pioneras en el paso del soul al funk. Tocaron en Woodstock y se considera que su presentación fue una de las mejores. Isaac Hayes, a quien ya hemos mencionado, se unió a Booker T. & the M.G.'s y formó parte de esta transición. Otras bandas de funk conocidas fueron Kool & the Gang, Earth, Wind & Fire, Chic y Cameo. Con el tiempo, algunas de ellas cambiaron y terminaron haciendo música disco.

Por otro lado, George Clinton, Bootsy Collins y otros miembros de la banda de James Brown se separaron para formar Parliament-Funkadelic o "P-Funk". Tocaban un funk rock muy pesado para el que usaban un sintetizador como bajo. Además, tenían una tendencia a caer en el absurdo, lo que se ve reflejado en álbumes como *Cosmic Slop* y *Electric Spanking of War Babies*. Su funk sumaba muchos elementos del rock psicodélico de los años sesenta.

Muchas bandas de funk venían de los días del soul y el motown, por lo que sus miembros eran predominantemente artistas negros. Sin embargo, también hubo bandas blancas que lograron popularidad en el género. Entre ellas podemos nombrar a la banda Grand Funk Railroad, que tocaba una mezcla de hard rock y funk. También estaba la banda Wild Cherry, que logró un éxito con "Play That Funky Music", una canción en la que se burlaban del hecho de ser una banda de músicos blancos que tocaba música funky.

EL ENCUENTRO DEL ROCK Y EL PUNK

No a todos los músicos de rock les interesaba tocar con ritmo y hacer bailar a la audiencia. En los comienzos, el rockabilly y el garage rock eran solo ruido y fiestas. Varios subgéneros más duros mantuvieron esta tradición. los grupos de rock progresivo y de metal hacían una música un poco más compleja, mientras que las bandas de power pop y proto punk se enfocaban más en el baile y el movimiento.

A finales de la década de 1960, aparecieron en los Estados Unidos varias bandas de punk. Una de ellas era The Stooges, con Iggy Pop a la cabeza, a quien a menudo se lo apoda "el **padrino** del punk". Era famoso por tener un comportamiento salvaje, por subirse al escenario semidesnudo y por, ocasionalmente, automutilarse durante sus actuaciones. Fue una de las primeras estrellas de rock en saltar al público.

Nueva York fue uno de los primeros lugares donde surgió este rock experimental más duro, con bandas como The Velvet Underground, New York Dolls y Suicide. Los músicos de esas bandas eran conflictivos, escribían canciones sobre comportamientos perturbadores. Además, eran disruptivos en el escenario: a menudo, se vestían de mujeres. No usaban palabras clave o eufemismos para ocultar el uso de drogas: Lou Reed, de The Velvet Underground, escribió una canción llamada "Heroin" ("heroína" en inglés). Esta nueva versión del rock no era nada **sutil**.

Del otro lado del charco, los rockeros británicos, que también estaban enojados, llamaron "glam" al género de música que hacían. Al igual que otros grupos de rock pesado, tocaban hard rock distorsionado, pero se diferenciaban por su apariencia. Llevaban **maquillaje**, zapatos con plataforma y vestidos. A ese estilo también se le decía "glitter rock", porque todo giraba en torno al espectáculo sobre el escenario. A los músicos de glam rock les encantaba el teatro, el cabaret, las películas y todas las formas de arte, e incorporaban su amor por la cultura pop en sus canciones.

Algunas figuras del glam rock fueron Mott the Hoople, Roxy Music, Sweet, Mud, Gary Glitter y, por supuesto, David Bowie. A pesar de que el glam era muy popular en Inglaterra, estos artistas se inspiraron en la energía y la intensidad de los artistas estadounidenses Alice Cooper, Iggy Pop y Lou Reed. De hecho, David Bowie era fanático de su amigo Iggy Pop y trabajaron en muchos proyectos juntos.

El glam tuvo una gran influencia en Elton John y Freddie Mercury, cantante de Queen. Estos músicos no solo interpretaban canciones: montaban espectáculos de moda. En algunos casos, el glam y el primer punk **se ramificaron** en armonías complicadas, como las que tocaba Queen. En otros casos, la música se volvió increíblemente simple, como el punk que hacían los Ramones.

A mediados de la década de 1970, estos grupos de rock duro orientados a la moda y la imagen se habían convertido en los máximos exponentes de la rebeldía. Pensaban que el rock básico y elemental que hacían era el más fiel a sus raíces. Sin embargo, también había algunas bandas del género hard rock que decidieron agregar más efectos y nuevos estilos exóticos de música en lugar de preocuparse por el espectáculo que daban.

EL ENCUENTRO DEL
HARD ROCK Y EL METAL

Algunos de los grupos y de los músicos de la invasión británica comenzaron a tocar un tipo de blues más intenso. Por un lado, The Yardbirds se convirtió en Led Zeppelin; por el otro, bandas como Cream, Traffic y Blind Faith compartían algunos de sus integrantes. En este momento surgen los primeros supergrupos, construidos alrededor de artistas populares. En general, eran artistas que dominaban su instrumento, como Eric Clapton y Ginger Baker. Estas bandas de hard rock influyeron en los grupos que hicieron el primer heavy metal. Iron Butterfly y Steppenwolf hacían canciones de hard y heavy rock, mientras que Black Sabbath y Deep Purple llegaban a la escena con letras impactantes y oscuras.

El rock siempre había tenido algo de espiritualidad y la década de 1960 **había traído** un **renacimiento** del ocultismo asociado al *New Age*. Muchas de los grupos de hard rock, e incluso algunas de las de glam rock, solían inspirarse en imágenes místicas y hasta satánicas. De más está decir que todo esto ayudaba muchísimo a aumentar las ventas. Los grupos de rock se dieron cuenta de que podían ser impactantes y exitosos. Sin embargo, el rock ya no era impactante por sí solo, ¡necesitaba la ayuda del diablo!

Más allá de las influencias religiosas y del ocultismo, esta escena musical estaba sobre todo impulsada por la tecnología. Los amplificadores y los pedales de guitarra permitían subir el volumen a niveles que **destrozaban** los oídos. Bandas como 13th Floor Elevators mezclaban el acid rock o rock psicodélico con amplificadores para conseguir un sonido pesado e incluso demencial. Básicamente, cuantos más equipos añadían a la guitarra, más loca era la música que hacían

El hard rock comenzó a dividirse: un grupo de bandas se fue hacia el heavy metal moderno; y otro grupo se quedó en el mismo nivel de hard rock de finales de los sesenta y principios de los setenta. En la actualidad, a estos últimos grupos los agrupamos bajo el género de "rock clásico". Kiss, Aerosmith, Blue Öyster Cult, AC/DC y otras bandas similares hacían música pesada, pero no demasiado agresiva.

Aún menos agresivo fue el movimiento de rock sureño que surgió de bandas similares de hard rock. Los grupos que hacían este tipo de música también entran dentro de la categoría de rock clásico: son bandas como The Allman Brothers Band, The Marshall Tucker Band, ZZ Top y Lynyrd Skynyrd. A pesar de que estaban influenciadas por el country, estas bandas tenían una calidad relajada más cercana al funk. Su objetivo no era hacer ruidosos riffs de guitarra ni destruir el escenario y tampoco tenían una agenda de protesta social. De hecho, algunos músicos de la escena ni siquiera se preocupaban por la música rock. No les importaban las causas sociales ni mantenerse fieles a las raíces del género, solo querían divertirse y vender discos. Y, por supuesto, había muchos fans que lo único que querían era bailar.

Vocabulario:

había logrado (lograr) had achieved
(las) desigualdades inequalities
(el) enfrentamiento confrontation
contestatario rebellious
canalizando channeling
destrozaban (destrozar) smashed
dementes crazy
bailable danceable
(las) corcheas eighth notes

(las) semicorcheas sixteenth notes
(las) ráfagas burst
(el) padrino godfather
sutil subtle
del otro lado del charco across the pond
(el) maquillaje makeup
se ramificaron (ramificarse) were ramified
había traído (traer) had brought
(el) renacimiento rebirth
destrozaban (destrozar) destroyed
(los) fieles faithful

¡Escuchemos!

"Baba O'Riley" – The Who
"What's Going On" – Marvin Gaye

El encuentro del soul y el funk
"I Got You (I Feel Good)" – James Brown
"Dance to the Music" – Sly & The Family Stone
"Green Onions" – Booker T. & the M.G.'s
"Get Down On It" – Kool & The Gang
"September" – Earth, Wind & Fire
"Le Freak" – CHIC
"Word Up" – Cameo
"Atomic Dog" – George Clinton
"Mothership Connection" – Parliament Funkadelic
"Play That Funky Music" – Wild Cherry

El encuentro del rock y el punk
"Louie Louie" – The Stooges
"Heroin" – The Velvet Underground
"Sweet Jane" – Mott The Hoople
"More Than This" – Roxy Music
"Ballroom Blitz" – Sweet
"Rock and Roll Part II" – Gary Glitter
"Rebel Rebel" – David Bowie
"Starman" – David Bowie
"Poison" - Alice Cooper

"Rocket Man" – Elton John
"I Want It All" – Queen
"Sheena Is a Punk Rocker" – Ramones

El encuentro del hard rock y el metal

"Immigrant Song" – Led Zeppelin
"Sunshine Of Your Love" – Cream
"Dear Mr. Fantasy" – Traffic
"Born To Be Wild" – Steppenwolf
"Iron Man" – Black Sabbath
"Smoke On The Water" – Deep Purple
"You're Gonna Miss Me" – 13th Floor Elevators
"Detroit Rock City" – KISS
"Crazy" – Aerosmith
"(Don't Fear) The Reaper" – Blue Öyster Cult
"You Shook Me All Night Long" – AC/DC
"Ramblin' Man" – Allman Brothers Band
"Hillbilly Band" – The Marshall Tucker Band
"Sharp Dressed Man" – ZZ Top

1.4 BAILE Y DESTRUCCIÓN

- *En la década de 1970, el movimiento por los derechos de las mujeres estaba en su apogeo. Como consecuencia, empezó a haber más mujeres líderes de bandas de rock e incluso chicas que tocaban instrumentos.*

- *Los últimos años de la década de 1970 y los primeros de la de 1980 fueron conocidos por los excesos y porque la música fue sobre todo optimista.*

A mediados de la década de 1970, la mentalidad de algunos estadounidenses se había relajado. La música dance tipo disco empezaba a aparecer y muchos solo querían volver a ir de fiesta. Los movimientos sociales de la década de 1960 parecían haber fracasado y muchos querían **seguir con sus vidas**. Pero no toda esta energía bailable se fue hacia la música disco y su *four on the floor*, el **patrón** rítmico de este tipo de música: algunos fans prefirieron la energía hardcore del punk.

La música dance era refinada y repetitiva, mientras que el nuevo sonido del punk estaba muy lejos de eso. El género punk siempre había existido en las bandas de garage rock, sencillo y **ruidoso**. Sin embargo, en este momento empezaba a dejar su **huella** en la cultura y a cambiar la moda. A finales de la década de 1970, el punk se había infiltrado en la sociedad.

Como siempre, en los años setenta y ochenta, la tecnología fue uno de los principales factores en los avances de la música. Los nuevos y extraños pedales de efectos para la guitarra, las cajas de ritmos y las mejoras en la calidad de las grabaciones les dieron a los músicos una enorme variedad de opciones para trabajar.

Otro factor menos feliz que afectó la escena fue el uso de drogas más duras. Desde la época del jazz, la heroína siempre había ocupado un lugar en la música, pero ahora estaba llegando a las clases medias, junto con la **metacualona** y otros fuertes sedantes. Por otro lado, la cocaína fue el impulso detrás de gran parte de la música disco alegre y los estilos animados del "new wave". En Studio 54, en Nueva York, y en otros clubes de baile famosos, los excesos eran **moneda corriente**.

Sin embargo, esta época también trajo novedades positivas para el rock and roll. Desde los comienzos, el rock había sido un género dominado por hombres. Pero gracias al movimiento por los derechos de las mujeres, cada vez era más común ver mujeres en el escenario tocando diversos subgéneros del rock. No todo fue glamour, baile y exceso; durante este tiempo, la música también se volvió un poco más inclusiva.

DISCO Y DANCE

El disco fue un género de música dance que alcanzó su punto máximo a finales de los años setenta. Tomó prestados ritmos del funk, la psicodelia y el soul y los aceleró a un tempo más rápido. Si bien la música dance rara vez se metía en cuestiones sociales, era muy diversa. Además, allanó el camino para que otros ritmos latinoamericanos (como la salsa) comenzaran a abrirse paso en la música pop.

Como siempre, la nueva tecnología jugó su papel. Las cajas de ritmos y los sintetizadores facilitaron ese sonido muy simple y **pegadizo**. De pronto, un solo productor podría hacer el trabajo de toda una banda con instrumentos electrónicos. Giorgio Moroder, por ejemplo, grabó poderosos ritmos de música dance con la conmovedora voz de Donna Summer, conocida como la reina de la música disco. Su primer éxito fue "Love to Love You Baby", que puede ser la canción con más carga sexual de la historia. De hecho, se grabó mientras ella yacía en el piso haciendo sonidos que insinuaban el coito. La nueva música dance no tenía reparos a la hora de pasarlo bien.

El disco se llenó de protagonistas femeninas con voces increíbles como Chaka Kahn, Gloria Gaynor y Sister Sledge. En cuanto a la procedencia de los grupos que triunfaron en la escena disco, venían de todos los rincones del mundo: estaba ABBA, de Suecia; los Bee Gees, de Australia; Baccara, de España; y Boney M., un grupo vocal formado por músicos de Europa y el Caribe. Además, el género no era solo más inclusivo para los músicos: lo mismo aplicaba para los fans. La música disco se hizo popular en la comunidad gay. Las discotecas y los clubes de baile eran **lugares seguros** para un grupo que no era aceptado en muchos otros espacios.

La música dance surgía por todas partes del mundo: era tan pegadiza que era difícil no encontrarla atractiva. Incluso después de extinguirse en los Estados Unidos, **siguió teniendo vigencia** durante mucho tiempo en Europa. Posteriormente, evolucionó y se transformó en otras formas del dance.

Hubo otros subgéneros del dance que también recibieron el impulso de los nuevos sintetizadores y las cajas de ritmos. Además, las grabadoras y los sintetizadores avanzados permitieron la aparición del *looping* (la repetición de una pequeña sección de sonidos) y el *sampling* (el uso de un fragmento de una canción en otra). Así es como se creó la primera música electrónica en la década de 1980, que más tarde daría lugar a géneros como el house, el techno y el trance. Sin embargo, no toda la música electrónica estaba orientada al baile. También se estaba dando un crecimiento de la música electrónica experimental, representado en bandas como Kraftwerk, una banda alemana minimalista que solo usaba instrumentos electrónicos. Así, podemos ver que no todos los instrumentos electrónicos eran para la música dance y no toda la música dance era tan animada y dinámica como la música disco.

Por otro lado, el rock comenzó a mezclarse con ritmos de otros países, especialmente Jamaica. El rocksteady, el ska y el reggae de este país influyeron en músicos de todos los géneros. Además de ser muy popular, el reggae luchaba por el cambio social, con exponentes famosos en todo el mundo, como Bob Marley. Este artista tomó una forma de baile y la convirtió en un movimiento social. La naturaleza efímera de las discotecas, las fiestas y las drogas no conquistaba a todos los músicos. Algunos querían que su baile ayudara a cambiar el mundo.

EL PUNK Y EL NEW WAVE

Hay historiadores que sostienen que el punk y el new wave son lo mismo y tienen argumentos válidos para hacerlo. Con estos géneros sucedió algo similar a lo que pasó con el R&B y el rock and roll. Sin embargo, lo cierto es que tenían exponentes, estéticas e instrumentaciones diferentes. Por eso es justo separarlos.

Los primeros grupos de proto punk, como MC5 e Iggy Pop, no eran musicalmente tan duros como los grupos que llegaron a mediados de la década de 1970. Los Ramones, Television y Patti Smith, todas provenientes de la ciudad de Nueva York, **conformaron** la primera ola de verdaderas bandas de punk. Por otro lado, en Inglaterra las más destacadas eran The Damned, The Clash y, por supuesto, los Sex Pistols. Todas ellas tuvieron una gran influencia en la moda y en la creación de la subcultura punk, que no era para nada amistosa. El bajista de los Sex Pistols, Sid Vicious, era conocido por ser violento y nihilista, y murió de sobredosis en 1979.

La new wave se desarrolló a partir de las mismas raíces que el punk, pero estaba formado por estudiantes de arte de clase media con aspecto más pulido. Se inspiraban en algo más que los primeros rockeros duros; también incorporaron los ritmos populares del reggae y el ska en su música. El movimiento contó con bandas como Devo, Modern Lovers, The Police, Simple Minds, OMD y Echo and the Bunnymen, que no eran lo bastante duras para ser consideradas punk.

Otras bandas que compartieron el extraño espacio entre el punk y el new wave fueron Elvis Costello & The Attractions, The Talking Heads, Blondie y The Runaways. Eran más diversas en cuanto a género, ya que algunas tenían cantantes e instrumentistas femeninas, como Joan Jett y Tina Weymouth. Sin embargo, tanto en el punk como en el new wave predominaban las bandas blancas.

Sus letras tenían más conciencia social que la mayoría de la música disco de la época. La música punk le gritaba al mundo y el new wave cantaba canciones tontas pero simbólicas. A medida que la música avanzaba, el ambiente del punk les dio paso a las bandas más pop de la década de 1980. La música disco murió y muchos de los punks cambiaron las **crestas** por el cabello inflado de los años ochenta.

ALGUNOS TODAVÍA SE LO TOMABAN CON CALMA

Hablando de cabello, las bandas de hard rock se lo habían dejado crecer. Las personas que **habían enloquecido** con los peinados de The Beatles ahora copiaban los pelos largos de sus ídolos. No todos los grupos se movían hacia sonidos más duros como el heavy metal o más rápidos como el disco. Muchos músicos cantaban suaves melodías pop y country sobre una base de rock. Dentro del rock clásico y de ese estilo más tranquilo, se destacaban artistas nuevos, entre los que podemos mencionar a The Eagles y America.

Este subgénero también se había mezclado con el jazz rock y el rock progresivo, que eran estilos conocidos por usar acordes más complejos y por tocar canciones más largas. Steely Dan, por ejemplo, mantenía una base de jazz, pero componía éxitos pop que sonaban en la radio. Por otro lado, Supertramp, Genesis y Yes no sonaban tanto en la radio, pero vendían muchos álbumes. Comenzaron a **hacer giras** y a llenar lugares grandes, y así prepararon la escena para la llegada del rock de estadios de la década de 1980.

Algunos estilos de rock progresivo y jazz eran conocidos por la complejidad de sus composiciones. En el rock and roll, un simple contratiempo y una progresión rítmica de acordes eran suficiente. Sin embargo, Rush y otras bandas demostraron que el rock también podía ser complejo y profundo, con poderosas letras que **versaban** sobre la vida.

A pesar de que las bandas de rock clásico seguían estando dominadas por hombres, Fleetwood Mac aumentó su audiencia y su fama cuando, a principios de los setenta, incorporaron a dos mujeres muy talentosas en un rol protagónico: Stevie Nicks y Christine McVie. A su vez, el rock también atravesó otro tipo de transformaciones. Al ver que el disco y el dance vendían muy bien, los rockeros más duros incorporaron algunos elementos de estos géneros.

"One of These Nights" y "Shakedown Street" fueron algunos de los intentos de The Eagles y The Grateful Dead de hacer música dance.

La música "bubblegum" también fue una versión más relajada del rock and roll original. Este género del pop rock estaba inspirado en la música para sentirse bien de los comienzos del rock. Las letras no tenían ningún mensaje social. Eran solo melodías pegadizas para hacer feliz a la audiencia. Bajo este género podemos agrupar a grupos de un solo éxito de la época: Starland Vocal Band, Mungo Jerry, Stealers Wheel y Melanie, entre otras. Por otro lado, el power pop seguía presente en Badfinger, Cheap Trick, The Raspberries y otras bandas.

A medida que el rock evolucionaba, los géneros y los estilos seguían combinándose. Las primeras bandas regresaban con ritmos nuevos y las que no, tenían su minuto de fama durante las épocas de nostalgia. Llegado este punto, el **crisol** que había dado inicio al rock estaba muy mezclado. Durante las décadas de 1980 y 1990, se siguieron combinando los estilos y los géneros, lo que formó nuevas ramas dentro del rock.

Vocabulario:

seguir con sus vidas move on with their lives
(el) patrón pattern
ruidoso noisy
(la) huella print
(la) metacualona methaqualone
(la) moneda corriente rife

pegadizo catchy
(los) lugares seguros safe spaces
siguió teniendo vigencia (tener vigencia) remained valid
conformaron (conformar) formed
prolijo neat
(las) crestas mohawk
habían enloquecido (enloquecer) had gone crazy
hacer giras tour
versaban (versar) delt
(el) crisol melting pot

¡Escuchemos!

Disco y dance
"Love To Love You Baby" – Donna Summer
"Ain't Nobody" – Chaka Khan
"I Will Survive" – Gloria Gaynor
"We Are Family" – Sister Sledge
"Dancing Queen" – ABBA
"Stayin Alive" – Bee Gees
"Yes Sir, I Can Boogie" – Baccara
"Daddy Cool" – Boney M.
"Jamming" – Bob Marley & The Wailers

El punk y el new wave
"Kick Out The James" – MC5
"Blitzkrieg Bop" – Ramones
"Marquee Moon" – Television
"Because the Night" – Patti Smith
"Street of Dreams" – The Damned
"Rock the Casbah" – The Clash
"Anarchy In The UK" – Sex Pistols
"Whip It" – DEVO
"Roadrunner" – The Modern Lovers
"Message In The Bottle" – The Police
"Don't You (Forget About Me)" – Simple Minds
"The Killing Moon" – Echo & the Bunnymen
"Bad Reputation" – Joan Jett & the Blackhearts
"Punk Lolita" – Tina Weymouth

Algunos todavià se lo tomaban con calma
"Hotel California" – Eagles
"A Horse with No Name" – America
"Reelin' In The Years" – Steely Dan
"Give A Little Bit" – Supertramp
"That's All" – Genesis
"Owner of a Lonely Heart" – Yes
"Fly By Night" – Rush
"The Chain" – Fleetwood Mac
"Edge of Seventeen" – Stevie Nicks
"I'd Rather Go Blind" – Christine McVie
"One of These Nights" – Eagles
"Shakedown Street" – Grateful Dead
"Afternoon Delight" – Starland Vocal Band
"In The Summertime" – Mungo Jerry
"Stuck In The Middle With You" – Stealers Wheel
"No Matter What" – Badfinger
"I Want You to Want Me" – Cheap Trick
"Go All The Way" – Raspberries

1.5 DEL CABELLO BONITO AL CABELLO GRUNGE

- *Durante las décadas de 1980 y 1990 **resurgieron** muchos grupos y estilos de rock más antiguos.*

- *Una vez más, la tecnología tuvo un gran impacto, esta vez **de la mano de** los discos compactos (CD).*

- *Los Estados Unidos ya no eran el centro de la escena del rock and roll; las influencias llegaban de todos los **rincones** del mundo.*

Al llegar la década de 1980, estaba claro que el árbol del rock había crecido **muchísimo**. Al igual que había sucedido antes con el jazz y el swing, el género se había ramificado en decenas de subgéneros distintos, pero, como el árbol era tan **frondoso**, era difícil distinguir cada rama.

Por otro lado, había —y sigue habiendo— personas que afirmaban que esos nuevos estilos ya no pertenecían al rock and roll. Sin embargo, si se mira bien, aún se pueden distinguir las raíces del rock en estos otros géneros musicales. El "hip hop", por ejemplo, se desarrolló gracias a los sintetizadores y los primeros *samplers*. Los músicos armaban las bases con discos antiguos de rock o R&B, de los que solo tomaban un par de compases de una canción. Luego, **rapeaban** sobre esa base.

En esta misma época, ya más claramente dentro del árbol

del rock, el heavy metal alcanzó un punto álgido, con una variedad de subgéneros derivados de él. Esto también causó rechazo en la sociedad, especialmente contra las bandas asociadas al ocultismo. De hecho, el miedo a estas bandas fue una de las causas del pánico satánico de la década de 1980. Por su parte, el movimiento evangélico utilizó la lucha contra la música maligna para hacer campaña por su propia causa. El debate llegó al Congreso, donde se censuraron álbumes con letras explícitas.

El rock popular continuó por la **senda** que lo había llevado hasta ese momento. **Incluso dio una vuelta** por el pasado. Con la llegada de los CD, las compañías discográficas lograron que los consumidores volvieran a comprar música vieja. Esto, a su vez, llevó a muchos artistas a salir de gira de nuevo. Incluso algunos grupos musicales ficticios de los años sesenta (The Monkees, por ejemplo) volvieron a salir de gira.

La nostalgia por las décadas de 1950 y 1960 se prolongó incluso hasta la década de 1990, cuando influyó sobre la escena alternativa. La banda Weezer, por ejemplo, hizo un video imitando el programa *Happy Days*, de la década de los setenta, para homenajear a Buddy Holly. Sin embargo, la nostalgia y los homenajes del rock no siempre fueron

---

[3] Durante la década de 1980, en Estados Unidos, se multiplicaron las denuncias por "abuso ritual satánico" en guarderías y jardines de infancia, y en general el satanismo y el ocultismo se convirtieron en preocupaciones de orden nacional. Esto se debió, en parte, a la publicación de *Michelle Remembers*, la supuesta autobiografía de Michelle Smith donde se relataban ese tipo de abusos, y a la espectacularización mediática del caso McMartin, una acusación contra los dueños de una guardería.

bien recibidos. La versión que hizo Nirvana de la canción de Bowie "The Man Who Sold the World" era amada u odiada según la edad de la audiencia.

Sin embargo, la nostalgia y los homenajes del rock no siempre fueron bien recibidos. La versión que hizo Nirvana de la canción de Bowie "The Man Who Sold the World" era amada u odiada según la edad de la audiencia.

Con la aparición de los grandes conciertos a beneficio, el rock and roll continuó hasta cierto punto con su intención de generar un cambio social. Un ejemplo de esto fue *Live Aid*. Se trató de dos conciertos simultáneos en 1985, en Estados Unidos e Inglaterra, realizados con el objetivo de recaudar fondos para terminar con la hambruna en Etiopía. En las presentaciones tocaron algunas de las bandas e intérpretes más importantes del rock. Sin embargo, a muchos críticos la iniciativa les pareció superficial y egoísta.

EL METAL SE SUELTA EL PELO

En la década de 1980, el cabello era algo muy importante. Muchas bandas de metal trajeron de vuelta los looks sorprendentes y transgresores del glam. La música disco y el punk habían recibido mucha atención en la década de 1970, pero en 1980 le había llegado el turno al metal. La banda Motörhead, que hacía una mezcla de punk y metal, demostró que el rock podía ser fuerte y rápido.

El guitarrista **principal** de Van Halen, Eddie Van Halen,

se hizo popular por sus increíbles solos de guitarra. Su éxito condujo al surgimiento de más bandas de metal, como Mötley Crüe, Quiet Riot, Ratt y Guns N' Roses. Por su parte, la escena metalera inglesa vio el surgimiento de Judas Priest, Iron Maiden y Dio, entre otras bandas.

Había incluso un grupo de bandas de heavy metal más pesado, como Slayer, Exodus, Anthrax y Metallica. Metallica es uno de los grupos de metal que más ha vendido de todos los tiempos. Le agregaron a su música una estructura de acordes de quinta más pop, lo que ayudó a atraer a una audiencia más grande. Su música se hizo conocida como *head-banging* ("sacudir la cabeza"), por el movimiento que hacen quienes la oyen.

Mientras que el pop rock prefería mantenerse alejado de las referencias directas al sexo y las drogas, la escena del heavy metal se **deleitaba** con ello. Las fotos en las revistas y las tapas de los álbumes de bandas de metal reflejaban su afinidad por el hedonismo. Celebraban el espíritu original del rock rebelde hasta llevarlo al extremo. Esa estrategia fue exitosa, ya que llenaban estadios masivos durante sus giras. Aunque había otras bandas de rock que también agotaban las entradas a sus shows y no eran de heavy metal. Bon Jovi, Def Leppard, Heart, Journey, REO Speedwagon, ZZ Top y Foreigner agotaban las entradas a todos sus conciertos, de gran capacidad.

El metal comenzó a ramificarse y aparecieron el "math rock", el "speed metal", el "thrash", el "death metal" y el "sludge". Los países escandinavos fueron el hogar de muchos de los grupos e metal **más oscuros**. Sin embargo, cuanto más pop y simple fuera la música, más oportunidades tenía de ser popular.

El heavy metal estaba dominado por grupos de hombres y, a pesar de que a algunos de los músicos les gustaba **maquillarse**, no eran muy inclusivos. Sin embargo, en el pop sí había muchas artistas femeninas de los años ochenta y noventa.

EL POP DE LOS 80 LO TIENE TODO

Los músicos pop de la década de 1980 tocaban una mezcla gigante de viejos estilos de rock. Bruce Springsteen, Tina Turner, Tom Petty, Billy Joel, Elton John, Genesis y John Mellencamp mantenían su fama desde las décadas de 1960 y 1970. Por su parte, Michael Jackson, que había comenzado su carrera con los Jackson 5 en 1968, se había convertido en "el rey del pop".

En ese momento, los artistas negros se estaban pasando al hip hop, pero Prince, Whitney Houston, Paula Abdul y Lionel Richie se mantenían en el pop rock. Por otro lado, surgieron nuevos artistas blancos que comenzaron a ascender en las listas, como U2 y Madonna, quien luego sería conocida como "la reina del pop".

Las bandas más viejas de punk y new wave se cambiaron el nombre y aparecieron Huey Lewis and The News, Boy George y Cyndi Lauper. Por otro lado, The Stray Cats y otras bandas del estilo, llevaron el rockabilly a los ochenta. El pop de esos años estaba bastante influído por los viejos tiempos. Las bandas de adolescentes se convirtieron en fenómenos más grandes que sus contrapartes de principios de la década de 1960. Los niños se volvían locos por el pop adolescente que ofrecían Tiffany, The Bangles, Debbie Gibson, New Edition y The New Kids on the Block.

En cuanto a los instrumentos, se usaban cada vez más los instrumentos electrónicos. Los sintetizadores se habían vuelto accesibles y muchas bandas nuevas los usaban para crear sus canciones. Depeche Mode, The Human League, Duran Duran y Wham! formaron parte del nuevo género synthpop que estaba surgiendo.

Los nuevos géneros ya habían llegado a todo el mundo. Australia, por ejemplo, comenzó a **aportar** a la escena del pop rock con éxitos de bandas como Men At Work, Air Supply, INXS y Olivia Newton-John. A pesar de que había una mezcla de géneros más viejos, en algunos casos el rock estaba perdiendo un poco la variedad. Gran parte de la música pop de la década de 1980 estaba dirigida a las audiencias blancas. Los artistas negros, por su parte, migraban al hip hop y a otros estilos de R&B. Y, cuando apareció la música alternativa, solo trajo más artistas blancos.

LA MÚSICA ALTERNATIVA DE LOS NOVENTA Y LA ESCENA UNIVERSITARIA

No todos eran fans del heavy metal o de los ídolos adolescentes: en el rock había lugar para mucho más. Por ejemplo, para el "art rock", un subgénero experimental y con ambiciones intelectuales. En la década de 1990, el new wave, la escena universitaria y la música independiente **se fusionaron** para formar lo que sería la música alternativa. A medida que avanzaba la década, los requisitos para pertenecer a este género se fueron ampliando. Las bandas que pertenecían a esta escena no se hacían populares a través de grandes conciertos en estadios ni gracias a acuerdos discográficos importantes. Su estrategia era **salir de gira** y desarrollar una base de buenos seguidores. Las primeras bandas alternativas fueron REM, Violent Femmes, Pixies, Sonic Youth y The Red Hot Chili Peppers.

Por otro lado, esa juventud descontenta que había crecido escuchando una mezcla de heavy metal, punk y pop inició el "grunge". Este género, proveniente de Seattle, era más lento y más distorsionado. Sus letras estaban llenas de referencias a la alienación social y al trauma psicológico. Las bandas de grunge más conocidas son Nirvana, Mudhoney, Pearl Jam y Stone Temple Pilots.

Al igual que en la década de 1970, hubo un esfuerzo por aumentar la representación femenina en la música. Así, surgieron estrellas como Alanis Morrissette, Suzanne Vega, Tori Amos, Britney Spears, Christina Aguilera y la banda pop femenina más exitosa de la década de 1990: The Spice Girls. También tuvieron mucho éxito las bandas masculinas de pop para adolescentes, como NSYNC, Backstreet Boys y 98 Degrees. Como vemos, los grupos musicales se volvieron más pop rock y la etiqueta de música alternativa perdió su atractivo. Mientras, del otro lado del Atlántico, surgía el britpop. Oasis, Coldplay, Blur, Dido, Radiohead y otras bandas inglesas llegaban a la fama.

La música alternativa fue tan amplia y variada que incluso ayudó a dar inicio a un subgénero poco probable. En sus inicios, los cristianos habían estado muy en contra del rock. Sin embargo, en las décadas de 1980 y 1990, comenzó a aparecer el subgénero de rock cristiano. Lo curioso es que apareció entre las mismas audiencias *indie* que buscaban una música distinta. En el rock, como ya hemos visto, había lugar para todo y para todos.

Vocabulario:

resurgieron (resurgir) re-emerge
de la mano de by the hand
(los) rincones corners
muchísimo a lot
frondoso leafy
rapeaban (rapear) rapped
se comportaran (comportarse) behave
sumaba (sumar) added
(la) senda road
dio una vuelta (dar una vuelta) took a walk
principal main
deleitaba (deleitar) delighted
más oscuras darker
maquillarse to put on make up
aportar to bring
se fusionaron (fusionarse) merged
salir de gira to go on tour

¡Escuchemos!

"Happy Days (Theme Song)" - Pratt & McClain
"The Man Who Sold The World" – David Bowie
"The Man Who Sold The World" – Nirvana

El metal se suelta el pelo
"Ace of Spades" – Motörhead
"Jump" – Van Halen
"Kickstart My Heart" – Mötley Crüe
"Cum On Feel The Noise" – Quiet Riot
"Round and Round" – Ratt
"Sweet Child O' Mine" – Guns N' Roses
"You've Got Another Thing Coming" – Judas Priest
"The Trooper" – Iron Maiden
"Holy Diver" – Dio
"Seasons In The Abyss" – Slayer
"The Toxic Waltz" – Exodus
"Madhouse" – Anthrax
"Nothing Else Matters" – Metallica
"You Give Love A Bad Name" – Bon Jovi
"Pour Some Sugar On Me" – Def Leppard
"Barracuda" – Heart
"Don't Stop Believin'" – Journey
"Can't Fight This Feeling" – REO Speedwagon
"Gimme All Your Lovin'" – ZZ Top
"Juke Box Hero" – Foreigner
"Down Under" – Men At Work
"All Out of Love" – Air Supply
"Need You Tonight" - INXS
"Xanadu" – Olivia Newton-John

El pop de los 80 lo tiene todo
"Dancing In The Dark" – Bruce Springsteen
"The Best" – Tina Turner
"Free Fallin'" – Tom Petty
"Vienna" – Billy Joel
"I'm Still Standing" – Elton John
"Invisible Touch" – Genesis
"Hurt So Good" – John Mellencamp

"Thriller" – Michael Jackson
"Kiss" – Prince
"I Wanna Dance With Somebody" – Whitney Houston
"Straight Up" – Paula Abdul
"All Night Long (All Night)" – Lionel Richie
"Angel Harlem" – U2
"Like A Prayer" – Madonna
"The Power Of Love" – Huey Lewis & The News
"Karma Chameleon – Culture Club
"Girls Just Want To Have Fun" – Cyndi Lauper
"Stray Cut Strut" – Stray Cats
"Total Eclipse Of The Heart" – Tiffany
"Walk Like An Egyptian" – The Bangles
"Lost In Your Eyes" – Debbie Gibson
"Step By Step" – New Kids On The Block
"Personal Jesus" – Depeche Mode
"Hungry Like The Wolf" – Duran Duran
"Wake Me Up Before We Go Go" – Wham!

La musica alternativa de los noventa y la escena universitaria
"Losing My Religion" – R.E.M.
"Blister In The Sun" – Violent Femmes
"Where Is My Mind?" – Pixies
"Californication" – Red Hot Chili Peppers
"Come As You Are" – Nirvana
"Suck You Dry" – Mudhoney
"Alive" – Pearl Jam
"Creep" – Stone Temple Pilots
"Hand in My Pocket" – Alanis Morissette
"Luka" – Suzanne Vega
"Smells Like Teen Spirit" – Tori Amos
"…Baby One More Time" – Britney Spears
"Genie In A Bottle" – Christina Aguilera
"Spice Up Your Life" – Spice Girls
"Bye Bye Bye" – NSYNC
"Don't Look Back In Anger" – Oasis
"Yellow" – Coldplay
"Song 2" – Blur
"Creep" – Radiohead

1.6 EL CAMBIO DE SIGLO

- *Después de más de medio siglo, la guitarra perdió el protagonismo que tenía como instrumento central del rock and roll.*

- *Internet ha permitido el acceso mundial a la música. Hoy en día, casi cualquier persona puede subir su música y también todos podemos escucharla.*

- *El rock sigue creciendo y evolucionando gracias a las nuevas tecnologías y las fusiones con otros géneros.*

Cuando surgió, el hip hop fue una clara influencia para el rock, pero también un gran competidor. Lo sacó del centro de la escena. Y gran parte del rock que se ha hecho desde entonces no es más que una fusión de todos los esfuerzos anteriores.

A principios de la década del 2000, la industria sufrió un duro **revés**: los **usuarios** empezaron a descargar música gratis. Una de las primeras aplicaciones para hacerlo fue Napster, que se volvió increíblemente popular. Por supuesto, esto causó muchos problemas. Se violaron los derechos de autor y la mayoría de las compañías discográficas y los músicos no estaban contentos con perder sus **ganancias**. Todo escaló cuando **se filtró** un demo de Metallica en Napster y la banda decidió demandar a la plataforma. La corte federal de EEUU le dio la razón, y eso llevó a Napster a la bancarrota. Fue el final de la plataforma, pero de ninguna manera fue el final de la piratería digital.

Sin embargo, la tecnología también trajo cosas buenas. Por ejemplo, ha ayudado al rock and roll a crecer y evolucionar. La misma tecnología digital que atentó contra la economía de los artistas establecidos abrió las puertas a nuevos talentos. Los elementos necesarios para grabar y producir música se hicieron más pequeños y **asequibles**. Cualquiera puede producir su propia música y subirla a internet, lo que democratiza la industria. Aunque también hace que haya más competencia.

El acceso generalizado a la producción de música provocó una mezcla de estilos increíble. Por eso mismo, se vuelve difícil continuar la línea histórica. El rock, el dance, el pop, el metal y todos los otros géneros y subgéneros han seguido diversificándose y mezclándose. Algunos historiadores afirman que el rock ya no es relevante o incluso que ya no existe, pero es evidente que se ha filtrado en todos los aspectos de la música y la cultura. Algo parecido ocurrió con el jazz: la era del jazz (los años veinte) ya pasó, pero seguimos tocando y escuchando esa música.

No todos los desarrollos tecnológicos han sido económicamente perjudiciales para los artistas. En los últimos diez años, han vuelto los discos de vinilo, ya que muchos usuarios piensan que suenan mejor. Y algunos fans prefieren tener los álbumes físicos en sus manos en lugar de acceder a una plataforma de *streaming*. Este resurgimiento del vinilo ha llevado a que muchos álbumes de rock antiguos se vuelvan a editar, al igual que en los años ochenta y noventa, cuando se lanzaron los CD. Así, los oyentes actuales pueden encontrar música que nunca estuvo disponible en línea.

Si bien muchos dicen que hubo un declive en el rock, la obsesión con el género sigue **vigente**. Después del año 2000, aparecieron muchas películas biográficas sobre músicos. Hacía tiempo que se filmaban películas sobre estrellas de rock, pero en esos años se volvieron más populares. *Ray*, sobre Ray Charles, y *Johnny y June: Pasión y Locura (Walk the Line)*, sobre Johnny Cash, fueron algunas de las películas más premiadas.

Hubo muchas películas sobre el rock, pero puede que la mejor sea una comedia. *Walk Hard: The Dewey Cox Story* es un film muy divertido que capta perfectamente la historia del rock. El personaje principal quiere generar un cambio social, pero también lo motivan las drogas y la vida libre. Es un buen resumen de la naturaleza contradictoria del rock y de cómo al público no parece importarle.

EL RAP, EL METAL Y EL ROCK SON UNA BUENA COMBINACIÓN

No todos los artistas del rock creían que el rap era la competencia. De hecho, algunos grupos decidieron mezclar los estilos. Varios artistas comenzaron a rapear y cantar sobre bases de rock y música funk. Los primeros grupos alternativos como The Red Hot Chili Peppers, Primus y Janes Addiction mezclaban todos estos elementos en su música. A medida que avanzaba la década de 1990, el nuevo estilo de rock rapeado se convirtió en el "nu metal". Limp Bizkit, Kid Rock, 311 y Linkin Park son algunas de las bandas que tocaban este tipo de música. Era una música pesada, pero con la estructura de una canción pop.

El nu metal está influído por el metal, la música alternativa, el grunge y el pop. De hecho, tiene tantas influencias que sus mayores exponentes hacen música muy distinta. Algunos son grupos de rap vocal como los mencionados en el párrafo anterior, mientras que bandas como Sugar Ray son más pop nu metal, y Korn y Slipknot hacen un nu metal más pesado. El término se usa para **englobar** a muchas bandas.

Algunos grupos continuaron usando el hip hop como una **herramienta** para resaltar los problemas sociales. Rage Against the Machine fusionó el rap y el rock, y en sus letras intentan **resaltar** las injusticias sociales. Woodstock 1999 fue una reedición del famoso festival. Participaron muchos de estos grupos de rap rock, pero no alcanzó la notoriedad que se había propuesto. A finales de la década de 1990, el público se había vuelto más cínico y ya no creía que un género musical pudiera cambiar el mundo.

Si bien muchos de los grupos de heavy metal habían comenzado a incorporar el rap a su música, algunos no salieron del género y se quedaron en el metal más puro. Desde los inicios del hard rock, este género se ha vuelto más duro y pesado. De hecho, algunas bandas de metal modernas son bastante intensas. Géneros como el "thrash", el "death", el "black", el "doom" y el "gothic metal" antes eran minoritarios, pero han crecido mucho en las últimas décadas. Estas bandas suelen usar imágenes violentas y relacionadas con el ocultismo como parte de su *look*.

Un aspecto que comparten todas las bandas que fusionan el metal y el rap rock es su capacidad de impactar. El problema es que cada vez se vuelve más difícil sorprender a la audiencia. Cuando Ozzy Osbourne le mordió la cabeza a un murciélago vivo, asombró al mundo. Eso **subió el listón** e hizo que las bandas que vinieron después tuvieran que llegar cada vez más cerca del límite con su imagen y sus letras para vender su música. Porque la fórmula ya fue probada: si logras impactar al público, comprará tu álbum.

EL COUNTRY, EL POP Y EL ROCK SIGUEN JUNTOS

En la década de 1960, muchos de los pioneros del rock cambiaron el rumbo de sus carreras y se convirtieron en estrellas del country. Ambos géneros siempre se han influido mutuamente. A su vez, antes del 2000, el country era un género en sí mismo y tenía sus propias estrellas. Sin embargo, después de que en la década de 1990 se mezclaran aún más los estilos, la línea se volvió borrosa.

Muchas bandas modernas de country rock, como Drive-By Truckers y The Black Crowes, surgieron en la escena del rock sureño. Si bien generalmente se las agrupa en el género de música alternativa, es fácil apreciar sus raíces. Otras bandas alternativas con un aire country son My Morning Jacket y Kings of Leon. Alabama Shakes, por otra parte, es una banda moderna con un sonido que viene tanto del blues como del rock sureño.

El programa de televisión *American Idol* también ayudó a impulsar el género country pop. Lo hizo al promover estrellas que tenían raíces country, pero que también usaban otros elementos en su música. Carrie Underwood, Kelly Clarkson y Scott McCreery son algunos artistas con carreras muy exitosas en este género. Tienen raíces country, pero están adaptados a **los tiempos que corren**.

Por otro lado, es difícil distinguir algunas canciones de country rock de otras de metal alternativo o de pop. La famosa banda Nickelback, por ejemplo, tiene un sonido que mezcla country y grunge, con un toque de metal. Tal vez sea esa combinación lo que hace que la gente los ame o los odie. Pero no son la única banda que sufre ese destino. Muchos de los grupos de country rock y nu metal provocan emociones fuertes en quienes los escuchan. Las personas aman la música o la encuentran horrible.

Por su parte, el pop rock sigue siendo un género muy presente, representado por Ed Sheeran, Katy Perry, Avril Lavigne y otros músicos. Ninguno de estos artistas diría que hace country, pero no hay dudas de que tienen canciones que podrían **encajar** en alguno de esos géneros. En la actualidad, los músicos tocan lo que quieren; ya no quedan artistas que **se apeguen** a un solo estilo. Toda esa mezcla hace que sea imposible saber a qué género pertenece una canción.

EL INDIE Y EL ROCK ALTERNATIVO
SIGUEN PISANDO FUERTE

Si bien la escena alternativa puede haber desaparecido, ese espíritu continúa en el indie y el rock universitario. Las bandas de finales de los 90, como Rilo Kiley, Belle and Sebastien y The Shins inspiraron a otros grupos de rock que aparecieron después del cambio de siglo. Al igual que el country y el rap rock, han mezclado sus estilos con otros. Bandas indie como MGMT, Bright Eyes, Death Cab for Cutie y Wilco utilizaron sonidos del pop rock más añejo y lograron un rock que no era tan intenso o ruidoso como el de las bandas de rap y death metal.

Hoy en día, parece que las bandas se dividen en dos categorías. ¿Hacen música pesada e impactante o cantan simples canciones pop? Si es *mainstream*, se lo suele llamar "pop", pero si tiene menos seguidores, se utiliza la etiqueta de indie. Coldplay es una banda de britpop que tiene un estilo similar al de otros grupos alternativos, pero se la considera mainstream por la gran cantidad de gente que escucha su música.

Antes, el garage rock y la música alternativa eran géneros asociados a bandas que no tenían financiación o que no eran muy populares, pero ese ya no es el caso. El garage rock sigue vigente en The Strokes y The White Stripes, que son bandas muy populares. También han aparecido estilos como la neo psicodelia, el emo, el folk alternativo y casi todas las mezclas que puedan imaginarse. Algunas bandas que podemos mencionar dentro de estos géneros son Mumford & Sons y Plain White T's.

A su vez, los estilos que alguna vez fueron nuevos se vuelven convencionales. Ahora que todo el mundo tiene acceso a nuevos estilos musicales, esta evolución y este pasaje de influencias se producen a un ritmo más rápido. El rock se transformó en un género enorme y heterogéneo. Pero no podemos dejar de lado el aspecto que hizo famoso al rock en primer lugar, ¡el baile!

LA MÚSICA DANCE ELECTRÓNICA TODAVÍA NOS HACE BAILAR

El baile ha evolucionado a través de muchos estilos, pero, en el último tiempo, **encontró su lugar** en la música electrónica. Este género ha crecido mucho durante la última década, junto con el hip hop. Ambos están más impulsados por el ritmo y más orientados al baile que el rock. La música electrónica tiene sus raíces en el funk, el dub jamaicano y la música disco, con canciones más preocupadas por hacer mover el cuerpo que por las letras.

Algunos artistas de música dance se quedaron con los ritmos pegadizos y los *samples*; fueron los primeros grupos en hacer fusiones de estilos. Moby y Daft Punk, por ejemplo, mezclaron la estructura de la canción pop con ritmos del house y tuvieron mucho éxito con el público general. Hicieron canciones similares a las del synthpop de los años ochenta, pero con más bajos y con un tempo más alto. En ellas, combinaron géneros como el electro, el house, el techno, el acid y el rave.

No todos los artistas de música electrónica crearon ritmos pegadizos con poca letra. Al igual que en el metal, una parte de la música dance se volvió más pesada. La banda Nine Inch Nails, por ejemplo, es conocida por su sonido de rock industrial. Es una música muy pesada, pero que todavía usa algunos instrumentos electrónicos.

Como el hip hop, la música electrónica usa *samples* de canciones viejas. Para crear este tipo de música, se usan sobre todo sintetizadores y cajas de ritmos. La posibilidad de tener millones de sonidos y *samples* **al alcance de la mano** cambió la forma de componer. Para formar una clásica banda de rock, necesitabas un baterista, un bajista, un teclista y un guitarrista, como mínimo. Y, si bien estos instrumentos podían alterarse y amplificarse, tenían sus limitaciones. Ahora, si quieres hacer música electrónica, ni siquiera es necesario que tengas una banda: ¡todo lo que necesitas es un ordenador!

Con la tecnología digital, los músicos ya no tienen limitaciones. A todos los sonidos se los puede manipular y volver a **afinar,** se les puede ajustar la velocidad y se los puede transformar de mil maneras. Las opciones son infinitas. Hay personas que sienten que estos estilos no pertenecen al rock porque están creados con tecnología. Sin embargo, si analizamos la música, aún encontraremos el *backbeat* y el ritmo sincopado que le dieron inicio al rock y al R&B. La fórmula que nos hizo mover el cuerpo hace cien años sigue funcionando hoy, más allá del género.

LA ESCENA DEL ROCK HOY

En la última década, los movimientos musicales de todo el mundo han comenzado a ganar popularidad. El pop rock indio ha crecido gracias a las películas de Bollywood. Las bandas de k-pop coreanas y de j-pop japonesas también han llegado a la escena y generaron una locura similar a la de The Beatles sesenta años antes. BTS, Blackpink y otras bandas del estilo tienen millones de seguidores y una fama comparable a la de las estrellas de rock del pasado.

Una de las características principales del rock and roll es que siempre ha sido impulsado por la **juventud**. No importa cuál sea la música nueva que escuchen las masas: probablemente tendrá los rasgos del rock. Será un reflejo del deseo de la sociedad de escuchar sonidos nuevos y **desconocidos**. A veces, esta música estará inspirada en la necesidad de bailar y ligar, otras veces la impulsará el deseo de un mundo mejor.

Si bien los nuevos artistas tienen sus distinciones, en realidad no están expandiendo las fronteras del rock. Este género salió de los Estados Unidos hace mucho tiempo y ahora ya no tiene un hogar específico, pertenece al mundo. Continúa fusionándose con otros ritmos y creando nuevos estilos, pero siempre con una estructura de canción similar. El rock es y siempre ha sido imitación, desde el día en que tomó prestadas canciones del R&B. Y ahora que el género tiene varias décadas, esta naturaleza repetitiva es evidente. Por eso, muchos críticos afirman que el rock es solo un producto comercial, que se **empaqueta** y se vende. A pesar de que hay algo de verdad en esa idea, pensar eso es ignorar los cambios sociales que trajo el rock. Cuando un grupo de rock era influyente, la audiencia la imitaba y eso ayudaba a forzar el cambio.

Sabemos que no logró los grandes cambios que se proponía, sin dudas la sociedad sigue siendo muy complicada. Pero el rock and roll puso el foco en los aspectos más oscuros y difíciles de la vida. Y, si sigue haciendo que algunas personas se rebelen y peleen por un mundo mejor, está sirviendo a su propósito. O, al menos, al propósito de algunos artistas. Después de todo, para algunos músicos el rock and roll solo tiene que ver con los instintos más básicos de la naturaleza humana: el baile y el sexo.

Lo que nos lleva a la siguiente sección, sobre la teoría musical del rock and roll. Los cambios sociales son procesos complicados, que tienen muchos **matices** e involucran a muchos actores. El baile, por otro lado, es un proceso sencillo. La capacidad del género para hacer bailar a la gente es lo que lo hizo llegar a la cima. ¡Veamos cuál es la fórmula del rock para hacernos mover el cuerpo!

Vocabulario:

(el) revés setback
(los) usuarios users
(las) ganancias earnings
vigente current
se filtró (filtrarse) leaked
asequibles accesible
vigente current
englobar to encompass
(la) herramienta tool

resaltar to highlight
subió la vara (subir la vara) raised the bar
(el) rumbo course
en sí mismo in itself
borrosa blurry
los tiempos que corren this day and age
encajar to fit
se apeguen (apegarse) get attached
encontró su lugar (encontrar su lugar) found its place
al alcance de la mano within reach
afinar to tune
(la) juventud youth
desconocidos unknown
empaqueta (empaquetar) packs
(los) matices nuances

¡Escuchemos!

"Enter Sandman" – Metallica

El rap, el metal, y el rock son una buena combinaciòn
"Snow (Hey Oh)" – Red Hot Chili Peppers
"Jerry Was A Race Car Driver" – Primus
"Been Caught Stealing" – Jane's Addiction
"My Way" – Limp Bizkit
"Bawitdaba" – Kid Rock
"Beautiful Disaster" – 311

"Numb" – Linkin Park
"Freak On A Leash" – Korn
"Wait And Bleed" – Slipknot
"Killing In The Name" – Rage Against The Machine

El country, el pop y el rock siguen juntos
"Outfit" – Drive-by Truckers
"Harder To Handle" – The Black Crowes
"Golden" – My Morning Jacket
"Sex On Fire" – Kings Of Leon
"Hold On" – Alabama Shakes
"Before He Cheats" – Carrie Underwood
"Since U Been Gone" – Kelly Clarkson
"Damn Strait" – Scotty McCreery
"How You Remind Me" – Nickelback
"Castle On The Hill" – Ed Sheeran
"Teenage Dream" – Katy Perry
"Sk8ter Boi" – Avril Lavigne

El indie y el rock alternativo siguen pisando fuerte
"Silver Lining" – Rilo Kiley
"The Boy With The Arab Strap" – Belle and Sebastian
"New Slang" – The Shins
"Kids" – MGMT
"First Day Of My Life" – Bright Eyes
"I Will Follow You Into The Dark" – Death Cab for Cutie
"Viva La Vida" – Coldplay
"The Adults Are Talking" – The Strokes
"Seven Nation Army" – The White Stripes
"I Will Wait" – Mumford & Sons
"Hey There Delilah" – Plain White T's

La mùsica dance electronica todavìa nos hace bailar
"Harder, Better, Faster, Stronger" – Daft Punk
"Natural Blues" – Moby
"Closer" – Nine Inch Nails

2. TEORÍA MUSICAL DEL ROCK AND ROLL

Ya deberías ser un experto en la historia del rock and roll. No, era solo una broma. Simplemente condensamos una gran cantidad de historia en un espacio pequeño. Hay mucho más en la historia del rock. Ahora, en vez de la historia y la línea de tiempo, veremos los conceptos musicales. Discutiremos la teoría musical del rock y nos aseguraremos de dar muchos ejemplos.

Esto no será una **inmersión profunda** en la teoría musical. Solo hablaremos de lo necesario para poder apreciar mejor el arte. Después de leer este libro, serás un oyente más crítico y activo. Hay ciertos aspectos del rock que le dan el ritmo y la vibra, y hay notas específicas e intervalos que despiertan distintas emociones. No se trata solo de creatividad, ¡hay una fórmula para hacerlo!

Lamentablemente, no todo el mundo nace con talento musical y rítmico, ¡lo que puede ser una buena noticia! El rock no es solo talento, es posible aprender con práctica y perseverancia. Si crees que no tienes lo que se necesita para aprender música, no te preocupes. No estás solo: muchos de los rockeros más influyentes tampoco sabían de música. En muchos casos, las estrellas de rock **se apoyan** en músicos que son mejores que ellos.

Desde que comenzó la música grabada, ha habido músicos

de sesión o de estudio. Son instrumentistas profesionales. Cuando necesitamos que una canción se grabe rápido y bien, debemos llamar al mejor músico de estudio. Casi todas los grupos han usado a estos profesionales alguna vez. Incluso algunas bandas estaban compuestas por músicos de estudio, como Led Zeppelin, Booker T. & the M.G.'s y la banda de Bruce Springsteen, E Street Band.

En algunos casos, las bandas eran criticadas por usar músicos de sesión. The Monkees, un programa de televisión de la década de los 60, fue un éxito por sus canciones estereotipadas. Si bien los miembros de la banda tenían cierto talento musical, las canciones las escribían compositores y músicos de sesión. Los críticos musicales aprovecharon esto para **destrozar** a la banda, pero a los fans no pareció importarles. No todos los fans de rock son tan **detallistas.**

Muchas veces, los músicos sesionistas no aparecen en los créditos de un trabajo. Por cada estrella de rock que no quiso aprender teoría musical, hay un músico de sesión que llenó ese espacio por él. Entonces, por el bien de los grandes músicos que nos dieron el rock, vale la pena **echar un vistazo** a la teoría musical.

Vocabulario:

(la) inmersión profunda deep dive
se apoyan (apoyarse) are supported
destrozar to destroy
detallistas meticulous
echar un vistazo take a peak

¡Escuchemos!

"Whole Lotta Love" – Led Zeppelin
"Time Is Tight" – Booker T. & The M.G.'s
"Born to Run" – Bruce Springsteen

2.1 EL ROCK SE TRATA DEL PULSO

- *La métrica es agrupar los pulsos de dos en dos o de tres en tres.*
- *La métrica obtiene su sensación general de los tiempos con acentos fuertes o débiles.*
- *El énfasis en el* **contratiempo** *es lo que le da al rock su carácter.*

Uno de los aspectos más importantes del rock es el pulso. El pulso es otra forma de describir una serie regular de tiempos. La música disco, por ejemplo, se caracteriza por un pulso arrollador de cuatro tiempos, el *four on the floor*. Un gran ejemplo de esto es la canción "Stayin' Alive" de Bee Gees, que tiene un pulso y un ritmo de rock bailable.

Cuando los tiempos se agrupan en pulsos, obtenemos ritmo. Cada ritmo tiene una sensación diferente, según en qué parte del pulso —es decir, en qué tiempo— se haga énfasis. Este énfasis se conoce como acento. Los acentos débiles y fuertes se combinan para crear la emoción final. En la canción de Bee Gees, este sentimiento se logra gracias **al tira y afloja** de los tiempos débiles y fuertes. La distribución y la velocidad de estos tiempos acentuados también afectará el tipo de ritmo.

Los pulsos se dividen en **compases**. En algunos casos, se escriben en **partituras**. Sin embargo, la historia del rock demuestra que no todos los músicos tenían entrenamiento formal escribiendo música. En el rock and roll y en el blues, los ritmos se transmitían **de oído**. Un músico como Elvis Presley escuchó gospel y músicos callejeros en Tupelo, Mississippi y, como muchos chicos de la época, quiso tocarlo él mismo.

Este entrenamiento informal es la causa de que haya tantos términos similares en la teoría del rock. Una de las partes más difíciles del concepto de tiempo (*beat*, en inglés) es separar las palabras que pueden ser usadas de la misma manera. Los términos *offbeat*, *upbeat* y *backbeat* (contratiempo) tienen significados similares con ligeros **matices**. Además, un *offbeat* se puede aplicar a distintas subdivisiones del pulso. Puede ser confuso, pero estos son los términos regulares del mundo del rock.

Otro término que se usa en el rock es "*groove*". Esta palabra no tiene un significado específico en la teoría musical. Es esencialmente cualquier ritmo, ejecutado por cualquier instrumento, que contribuya al sentimiento o a la vibra general de la canción.

Por todo lo dicho, es claro que tenemos que entender qué es el pulso. Por suerte, la música está en nuestra **vida cotidiana**, por lo que no tenemos que ir muy lejos. Una de las mejores maneras de aprender sobre el pulso es con nuestros propios pies. Iremos aprendiendo los conceptos básicos de rítmica a medida que caminamos.

ELEMENTOS DEL PULSO

Una de las formas más fáciles de entender el pulso es con el cuerpo humano. Nuestro corazón tiene un pulso constante ¡o al menos debería! Dependiendo del pulso, incluso podemos sentir un leve acento fuerte y débil. Los humanos también podemos caminar o marchar y contar un pulso constante de 1-2.

La rapidez con la que se mueve ese pulso se conoce como "tempo". El rock en general tiene un tempo rápido, pero lo mantendremos lento para empezar. Demos golpes con los pies al mismo ritmo 1-2 1-2 1-2 1-2. Este ritmo, el más básico, se conoce como **métrica binaria**. La métrica es cómo agrupamos los tiempos que componen el pulso; en este caso, **en pares.**

Debemos recordar que estas métricas se organizan en compases. Cada compás está separado del siguiente por una barra de compás. La marca de tiempo, que **antecede** al primer compás, simplemente nos dice cuántos tiempos "entran" en un compás y cuál es su valor. La métrica binaria, de la que hablamos en el párrafo anterior, es el término musical para dos tiempos por compás.

En concreto, estamos viendo muchas formas de decir lo mismo: los tiempos están agrupados por pares. Eso significa que estamos usando una métrica binaria, por un lado, y que entran dos tiempos en cada compás, por otro.

Las **redondas, blancas, negras, corcheas, semicorcheas** y **fusas** son distintas formas de la notación musical.

REDONDA	BLANCA	NEGRA	CORCHEA	SEMICORCHEA	FUSA
4	2	1	1/2	1/4	1/8

Representan la duración de un sonido. El rock generalmente se compone de negras, corcheas y semicorcheas, dependiendo del género; se requiere un movimiento constante para sostener el *groove*. El heavy metal incluso usa fusas a veces, en el doble pedal de **bombo** de súper velocidad. Sin embargo, por ahora usaremos negras para nuestros primeros pulsos, ya que son más fáciles.

Además de la métrica binaria, hay otras formas de agrupar los tiempos. ¡Podemos agregar un tercer tiempo y crear una métrica ternaria! Demos golpes con el pie contando 1-2-3, tratando de mantener cada tiempo igual, sin acentos o cambios de ningún tipo.

Todos los compases pueden estar divididos en tiempos dobles o triples. La marca de tiempo, al principio de la partitura, nos dirá cuál es. A su vez, ¡la métrica también puede ser simple o compuesta, doble o triple! Todo esto se puede complicar rápidamente, incluso para los que estudian música. Pero, la mayoría de las veces, el rock lo mantiene simple. Hasta ahora, hemos marcado el pulso con nuestro pie en 2/4 y en 3/4.

La marca de tiempo más común en el rock es 4/4. Para contarlo, simplemente marcamos con el pie 1-2-3-4.

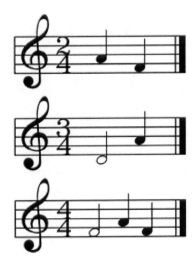

Hasta ahora no hemos agregado ningún acento o tiempo fuerte, solo marcamos esos cuatro tiempos una y otra vez. La mayor parte de las canciones populares que nos gustan están en 4/4, ¡incluso algunas de ellas cuentan los tiempos! "I Saw Her Standing There", "Hey Ya", y "Get Up (I Feel Like Being a) Sex Machine", cuentan al principio de la canción.

Pero ¡cuidado! Las estrellas de rock son conocidas por mezclar otras métricas con el 4/4. En la canción "Blackened", de Metallica, hay cinco marcas de tiempo distintas. El rock progresivo, el metal y el jazz fusión en general tienen canciones que exploran distintas métricas. Sin embargo, por lo general vuelven al 4/4, que es donde el pulso funciona mejor para el rock y el baile.

El primer tiempo de cualquier compás es el *downbeat*. El tiempo que viene antes de eso —antes de que empiece el compás— es la **anacrusa**. Esta es la fuerza constante que impulsa la música hacia adelante. Cuando un director debe empezar una composición, mueve la mano para mostrar a la orquesta la anacrusa que da inicio a la música. ¡De esa manera todos empiezan al mismo tiempo! Volvamos a marcar el pulso con el pie y esta vez pondremos un poco de énfasis en ciertos tiempos.

En el compás de 4/4, el más común, los tiempos acentuados son el 1 y el 3. Sin embargo, el tercer tiempo no está tan acentuado. Al marcar el pulso con el pie, no pondremos tanto énfasis en el tercer tiempo como lo hacemos en el primero.

1-2-3-4

En el compás de 3/4 el acento principal también está en el primer tiempo del compás. Sin embargo, también hay un **ligero** acento en el segundo y ninguno en el tercero. Probemos esto marcando el primer tiempo con un pie y el segundo y el tercero con el otro. Si hacemos esto correctamente, veremos que suena como un **vals**. ¡Esto se usaba como música de baile mucho antes del rock o incluso el jazz! La manera de acentuar los distintos tiempos del compás será la base del ritmo.

Otro aspecto importante del pulso es cuando no está marcado. Cuando en un compás no hay una nota para tocar, se llama silencio. A veces, el silencio puede ser fundamental para formar el ritmo final de la música. Sacar una parte del pulso puede cambiar el flujo e interrumpir el **movimiento de vaivén**, lo que le da una nueva sensación al *groove*. Pero vamos a ver más sobre este tema en el capítulo siguiente.

Vocabulario:

(el) contratiempo backbeat
tire y afloje tug-of-war
(los) compases bars
(las) partituras sheet music
de oído by ear
(los) matices nuances
(la) vida cotidiana ordinary life
(la) métrica binaria duple meter
de a pares in pairs
antecede (anteceder) precedes
(la) redonda whole note
(la) blanca half note
(la) negra quarter note
(la) corchea eighth note
(la) semicorchea sixteenth note
(la) fusa thirty-second note
(el) bombo bass drum
(la) anacrusa upbeat
ligero light
(el) vals waltz
fuera de tiempo off-beat
(el) movimiento de vaivén back-and-forth movement

¡Escuchemos!

"I Saw Her Standing There" – The Beatles
"Hey Ya!" – Outkast
"Get Up (I Feel Like Being A) Sex Machine" – James Brown
"Blackened" – Metallica

2.2 SINCOPAR EL PULSO

- *La síncopa es parte de la mayoría de las tradiciones musicales.*
- *Cuando rompemos el ritmo normal del compás, esto crea una síncopa.*

En esencia, la síncopa se refiere a la interrupción de un ritmo. Se puede lograr de varias maneras. La manera más común es poner acentos en los tiempos débiles (*offbeats*) de un compás. El rock no es el único género que se apoya en esta técnica: estaba presente incluso en la música medieval y en muchas tradiciones folklóricas. A menudo se veía como un compás de 3/4 o 6/8, ya que contar de tres en tres ayudaba a crear esa tensión extra. Pensemos en cómo, cuando tocamos un vals, queremos movernos de esa manera.

La música sincopada genera más "tensión", lo que induce al baile, que es el objetivo principal de interrumpir el ritmo. Es por eso que la encontraremos en todas las culturas musicales, ya que a la gente le gusta bailar. La música africana tiene más movimiento, porque tiene muchos ritmos sonando uno encima del otro, lo que crea mucha síncopa. Cuando llegaron los esclavos a América, trajeron esos ritmos con los tiempos débiles acentuados.

La música africana tenía la síncopa incluida en todos los

aspectos, especialmente en la llamada y respuesta vocal. Esta estructura aparece cuando un individuo grita una frase musical y otro responde con otra frase. Esta técnica forma una métrica binaria que va y viene, porque se enfatizan los tiempos débiles. El tempo de estas llamadas y respuestas de los esclavos era lento y **acompasado**, para acompañar el trabajo. De esta manera surgen los primeros cantantes de blues.

Después de la abolición de la esclavitud, esta música fue difundida por grupos de entretenimiento de afroamericanos, a través de **juglares** y espectáculos de vodevil. Alrededor de 1900, la síncopa se volvió muy popular con el ragtime, que fue nombrado por su ritmo irregular (*ragged*) o sincopado. Scott Joplin fue el nombre más famoso en la era del ragtime y su canción "The Entertainer" es el mejor ejemplo de síncopa de esa época.

A medida que pasaba el tiempo, la síncopa se empezó a utilizar en distintos géneros, como el jazz, el swing, el boogie woogie y el precursor del rock, el rhythm and blues (R&B). Con el tiempo invadió casi todos los aspectos de la música popular. En cualquier música bailable, tenía que haber un pulso sincopado. Y es fácil de hacer, ¡volvamos a tocar algunos pulsos!

CÓMO TOCAR RITMOS SINCOPADOS

Continuemos golpeando 1-2-3-4 con el pie y, mientras hacemos esto, demos una palmada en el 2 y en el 4. Si aplaudimos fuerte, veremos cómo aumenta la tensión. Este acento en el contratiempo es lo que hace que el rock sea rock. Cuando se toca de esta manera sincopada, hace que la gente tenga ganas de bailar.

Otra forma de crear una síncopa es correr el pulso **levemente**, haciendo que los tiempos suenen apenas más tarde de lo que deberían. Esto crea más tensión. Cada vez que aumenta la tensión, puede aumentar la síncopa. Mientras marcamos el pulso con el pie y damos palmas, nos tomaremos un milisegundo más para dar palmas en el 2 y en el 4. Este pequeño cambio da a la canción más fuerza. Entonces, al alterar el lugar o la fuerza de los tiempos débiles, obtenemos los conceptos básicos de la síncopa.

Un músico tiene muchas maneras de hacer que estos contratiempos u *offbeats* **se destaquen**. Una de las mejores maneras es dividir aún más las notas. Hasta ahora hemos estado marcando con el pie y dando palmas **en negras**. Si queremos rockanrolear, debemos agregar más ritmo y más tiempos. En vez de contar en negras, las podemos dividir **en corcheas.**

A medida que subdividimos las notas, es más difícil marcar o aplaudir a tiempo. Quizás ayude imaginar que nuestro cuerpo es una **batería**. Golpeamos el bombo con el pie derecho en 1 y en 3. La **caja** es nuestro pie izquierdo y pisamos fuerte en el 2 y el 4 para acentuar el contratiempo. Nuestras manos son los platillos en donde tocamos las corcheas.

Marcamos con los pies 1 **2** 3 **4** y luego damos palmas en corcheas. Puedes tararear las corcheas si cuentas los tiempos de la siguiente forma:

1 y 2 y 3 y 4 y

En esta forma de contar, cada número se corresponde a un tiempo. Antes, en cada tiempo del compás había una única nota, una negra. Esta nota ocupaba todo el espacio hasta el siguiente tiempo del compás (y por eso cantábamos "1-2-3-4"). Ahora, en donde antes solo había una negra, hay dos notas: dos corcheas. El primer tiempo, entonces, suena como "1 y" y cada uno de esos dos sonidos es una corchea; el segundo, "2 y", también y así sucesivamente.

A medida que vamos marcando el pulso con los pies y dando palmas, debemos asegurarnos de enfatizar la palmada en 2 y en 4. Si puedes manejar ese ritmo, felicidades, ¡estás tocando rock and roll! Si no, solo hay que seguir practicando.

Ahora podemos incluso subdividir los tiempos de nuevo para crear más síncopa. El funk ralentiza el tempo del pulso y usa semicorcheas. Sería algo así:

1 eh y ah 2 eh y ah 3 eh y ah 4 eh y ah

¿Sientes el *groove*? Eso se debe en parte al contraste entre la velocidad de las semicorcheas y la contundencia de las negras. ¡Eso da ganas de bailar! Y, además, estamos manteniendo siempre la síncopa en los tiempos 2 y 4. Pero esa no es la única forma de hacerlo.

DIFERENTES SÍNCOPAS
CONDUCEN A NUEVOS GÉNEROS

La historia del rock y de la música bailable consiste simplemente de encontrar nuevas formas de sincopar un pulso, ¡a eso se reduce todo! Como hemos visto, el pulso se puede subdividir o tocar ligeramente fuera de tiempo y se pueden agregar silencios para crear un *groove* nuevo. Pequeños **ajustes** pueden hacer grandes cambios.

Antes de que el R&B se convirtiera en rock, era popular el ritmo shuffle, que era tocar las corcheas ligeramente fuera de tiempo. Esto crea la sensación de la batería de jazz, que escuchamos en canciones como la **sintonía** de *La pantera rosa ("The Pink Panther")*. Antes de 1955, el ritmo shuffle era más dominante, pero después de ese año las corcheas y el contratiempo tomaron el control. ¡Cuando el rock explotó, los productores tomaron viejos éxitos y le dieron vida al contratiempo!

A medida que la síncopa evolucionaba, el tempo de la música cambiaba, se subdividían las notas y algunos músicos comenzaban a acentuar otros tiempos. James Brown hizo que su funk se destacara al recuperar la acentuación en el *downbeat*. Un *downbeat* fuerte tocado por toda la banda, seguido por un contratiempo sincopado, realmente aumenta la tensión del *groove*. Este tipo de funk fue un éxito en los clubes de baile y pronto se comenzó a acelerar para crear nueva música bailable.

La razón por la que el éxito de la canción disco "Stayin' Alive" tiene tanto *groove* es el ritmo *four on the floor*. Esto es cuando el bajo toca con fuerza cada nota, pero los tiempos fuertes 2 y 4 son continuos. Esto le da más impulso, especialmente cuando se toca a un tempo más rápido. La música dance de hoy todavía usa este tipo de ritmo.

El rock inspirado en los ritmos caribeños pone el énfasis en distintos puntos. El reggae es conocido por el *one-drop*, que es cuando se deja caer el primer *downbeat* y se enfatiza mucho el tercero. El contratiempo todavía está acentuado, pero no tanto como el tercero. Dejar caer el primer tiempo y enfatizar el tercero es lo que le da al reggae esa sensación relajada. Estos polirritmos se tocan uno encima del otro para crear la dinámica musical de la salsa.

Como demuestran la música cubana y el vals, el compás no tiene que ser siempre de 4/4 para ser sincopado. Si bien la mayoría de las canciones de rock están en 4/4, esto no siempre es así; hay algunas en otros tiempos con síncopas interesantes. Pink Floyd usaba un compás de 7/4 en la canción "Money". Esta cantidad extraña de notas en el compás hace que la canción realmente se destaque. La sintonía de *Misión Imposible* también tiene un compás extraño de 5/4. Frank Zappa realmente puso todo de sí cuando se trataba de métricas diferentes, ¡escribió canciones como "Keep It Greasy", en un compás de 16/19!

Vocabulario:

acompasado measured
(los) juglares minstrels
levemente slightly
se destaquen (destacar) highlight

en negras in quarter notes
en corcheas in eighth notes
(la) batería drums
(el) redoblante snare drum
(los) ajustes adjustments
(la) cortina theme song
(el) tambor drum

¡Escuchemos!

"The Entertainer" – Scott Joplin
"Pink Panther Theme" – Henry Mancini
"Money" – Pink Floyd
"Mission Impossible Theme" – Michael Giacchino
"Keep It Greasey" – Frank Zappa

2.3 ¿QUÉ NOTA ES?

- *Las blue notes y el cromatismo son sellos distintivos del jazz, el blues y el rock.*

Ahora que hemos visto cómo el ritmo y el pulso pueden afectar nuestra música, ¡veamos las notas que se utilizan! Una nota es un símbolo que le dice al músico en qué tono debe tocar o cantar. En realidad, la forma en la que suena una nota musical está definida por las notas que la preceden o la siguen. Como hemos visto, la música se crea a partir de una serie de tensiones y descargas. La emoción de la canción estará determinada por la relación entre las notas.

Cuando colocamos notas en serie obtenemos una escala, ¡que es lo que los estudiantes de música muchas veces temen practicar! Sin embargo, cada escala tiene un sentimiento específico, dependiendo de las notas y sus contrastes, por lo que es importante conocerlas.

En el pasado, las notas y las escalas se enseñaban auditivamente, ya que saber cómo suenan es lo más importante. A medida que pasaba el tiempo, estas escalas se fueron escribiendo en partituras. La escala mayor —ya veremos qué es— se convirtió en la escala más común en la música occidental. Tiene un carácter fuerte y estimulante y es la base de la mayoría de las canciones alegres.

Así como los afrodescendientes tocaban *offbeats*, también eran conocidos por usar notas que no pertenecían a la escala mayor. La forma en que cantaban tenía mucha influencia árabe. Era más melismática, lo que significa que la voz canta o **tararea** rítmicamente diferentes notas en la misma sílaba. Con el melisma, es más probable que el cantante se salga de la escala mayor. Las llamadas y respuestas del trabajo esclavo y las iglesias gospel estaban llenas de melismas.

Antes de empezar con los melismas y las *blue notes* específicas del rock, aprenderemos primero las notas básicas. Para esta parte, un simple **teclado**, o incluso una *app* de piano, nos servirá para seguir nuestro viaje por el rock.

LOS NOMBRES OCCIDENTALES DE LAS NOTAS

Dado que el rock and roll nació en Estados Unidos, está compuesto principalmente a partir del sistema de notación occidental. Esto significa que trabajaremos con tonos o semitonos: moverse una **tecla** del piano o un **traste** de la guitarra más allá, es moverse un semitono. La mejor manera de aprender las notas es con un piano o con nuestro instrumento de rock preferido.

Hay 12 notas en la escala cromática occidental, que son las siguientes:

- Do
- Do$^{\#}$/Re^{b} (do **sostenido** o re **bemol**)
- Re
- Re$^{\#}$/Mi^{b} (re sostenido o mi bemol)
- Mi
- Fa
- Fa$^{\#}$/Sol^{b} (fa sostenido o sol bemol)
- Sol
- Sol$^{\#}$/La^{b} (sol sostenido o la bemol)
- La
- La$^{\#}$/Si^{b} (la sostenido o si bemol)
- Si

Después del si, vuelve al do; ese intervalo de notas se llama una octava. En un piano hay siete octavas completas. A Las notas que tienen barras —como do#/reb— se las conoce como enarmónicas. Básicamente son dos formas de nombrar el mismo tono; la diferencia es técnica y no la detallaremos aquí. Una vez más, nuestro objetivo es entender globalmente los conceptos. Lo importante es saber que el símbolo numeral (#) al lado del nombre de una nota significa "**sostenido**" y que la b significa "**bemol**" y, a su vez, que "sostenido" significa un semitono después y "bemol" significa un semitono antes. Es por eso que, como do y re son tonos consecutivos, un semitono después de do y un semitono antes de re son el mismo tono, que se puede llamar "do sostenido" o "re bemol".

Este es un buen momento para distinguir entre bemoles y sostenidos, y mayores y menores, dos ideas que frecuentemente se confunden. Los bemoles y los sostenidos afectan a las notas y los mayores y menores, a los acordes. La nota puede ser bemol o sostenida; el acorde puede ser mayor o menor. A su vez, también tenemos el acorde de si bemol sostenido, porque si bemol es una nota diferente a si y **merece** sus propios acordes. El acorde de si bemol puede ser mayor o menor.

102

Todos nuestros instrumentos y voces caen en algún lado del rango del teclado. Las notas graves están en el extremo izquierdo y las **agudas** en el extremo derecho. Algunos cantantes pueden llegar a ambos extremos con una habilidad increíble.

A continuación, se muestran los diferentes rangos de los tonos del piano en los instrumentos de rock más importantes. Estas son pautas generales, ya que algunos géneros usan instrumentos especiales. El heavy metal moderno, como el Djent, puede usar guitarras de 7, 8 o hasta 9 cuerdas. Estas guitarras tienen cuerdas de bajo adicionales para lograr un sonido más pesado.

Guitarra Mi_1 - Mi_5

Bajo Mi_0 - Mi_3

Saxo Do_1 - Mi_5

¡Incluso la batería tiene notas! Los **bateristas** pueden afinar sus baterías para tocar una nota específica. Sin embargo, eso no es tan importante en el rock.

No debemos olvidarnos de la voz: los varones suelen cantar en el rango de graves mientras que las mujeres cantan más en los agudos.

Paul Robeson era un barítono que iba del Sol_1 al Mi_3.

Mariah Carey es una soprano con un rango de cinco octavas, que va desde el Fa_1 al $Sol\#_6$.

Hasta ahora, hemos presentado a las notas como rangos de semitonos en un teclado. Sin embargo, la duración, el volumen y el timbre también hacen la diferencia en cómo suena la nota final.

INTERVALOS

El próximo dato músical importante es cómo combinar las notas. Una nota sola no hace nada, no hay tensión; ¡debemos tocar otra nota para invocar un estado de ánimo! La distancia entre dos notas en la escala cromática —es decir, la cantidad de semitonos entre una nota y otra— se conoce como intervalo. En la siguiente tabla encontraremos el número de semitonos y el nombre de cada intervalo.

Unísono	0
Segunda menor	1
Segunda mayor	2
Tercera menor	3
Tercera mayor	4
Cuarta justa	5
Cuarta aumentada	6
Quinta justa	7
Sexta menor	8
Sexta mayor	9
Séptima menor	10
Séptima mayor	11
Octava justa	12

El tipo de intervalo define cómo será el sonido. Pueden ser justos, mayores, menores o aumentados. Los intervalos justos suenan bien, tienen consonancia y suelen ser la columna vertebral de la mayoría de las canciones. El mayor es estimulante, mientras que el menor es triste o aterrador. La cuarta aumentada se conocía como el intervalo del diablo, porque tiene lo que se conoce como disonancia. Esto significa que su sonido no es **agradable**.

Si tienes un teclado cerca, prueba estos intervalos. ¡Nota lo distintos que suenan cuando los tocamos ascendentes o descendentes! Cuando la gente entrena su oído musical, suele trabajar con intervalos. Aquí hay unos ejemplos de intervalos populares que seguramente has escuchado.

La sintonía de *Tiburón (Jaws)* tiene un intervalo de 2° menor ascendente. No es rock, ¡pero la mayoría de la gente la conoce!

Una 2° mayor ascendente se puede escuchar en "Never Gonna Give You Up", de Rick Astley.

¡A The Beatles les encantaba el 2° mayor descendente! Lo usaron en "Eight Days a Week" y en "Yesterday".

Una 3° menor ascendente es el comienzo de la famosísima sintonía de *Beverly Hills Cop (Superdetective en Hollywood)*.

Uno de los mejores ejemplos de cuarta aumentada son las notas iniciales de "Purple Haze" de Jimi Hendrix. Rush también lo usa al principio de la canción "YYZ".

Se escucha una 6° ascendente en "Call Me Maybe", de Carly Rae Jepsen, cuando canta "*is crazy*".

El ejemplo de 7° mayor ascendente más divertido es el éxito de synthpop de la década del 80 "Take On Me".

Y a menudo se reconoce una 8° descendente en el comienzo de la sintonía del programa de televisión *Doogie Howser*.

Pero la música está hecha de más de un solo intervalo. Recordemos que cuando ponemos nuestros intervalos juntos, en un orden específico, obtenemos una escala. La escala más popular está compuesta de intervalos justos y mayores.

OBTENER *BLUE NOTES* DE LA ESCALA MAYOR

Hasta ahora hemos visto las notas de la escala cromática, ¡pero no es así como se tocan normalmente! La mayoría de las canciones no usan las doce notas disponibles, sino una selección de ellas, que genera un carácter particular. Esa selección conforma una escala.

Hay muchos tipos de escalas, que tienen distintos nombres. El tipo de escala más común es el mayor, sobre el que cantan en la película *The Sound of Music (Sonrisas y Lágrimas)*. Una escala mayor tiene siete notas. En la escala de do mayor, esas notas son do, re, mi, fa, sol, la y si. Suena familiar, ¿no es cierto?

Además de la escala de do mayor, también existen la escala de do menor, la escala de do sostenido mayor, y la escala de re menor… Hay muchísimas escalas. Sin embargo, lo importante es que, en un mismo tipo —mayor, menor, etc.—, los intervalos entre las notas se mantienen igual. Todas las escalas mayores tienen siete notas y en todos los casos esas siete notas tienen la misma distancia entre sí.

Una escala mayor se compone, por lo tanto, de una nota fundamental, una segunda mayor, una tercera mayor, una cuarta justa, una quinta justa, una sexta mayor y una séptima mayor. Esos son los intervalos que hay entre las notas do, re, mi, fa, sol, la y si. Y son también los intervalos que hay entre las notas de cualquier escala mayor.

Un ejemplo hará que esto sea más sencillo. En la escala de do mayor, hay dos semitonos —es decir, una segunda mayor— entre la nota inicial, do, y la segunda nota, re. En la escala de re mayor, también hay dos semitonos entre la nota inicial y la segunda nota. Solo que, en este caso, esas notas son re y mi.

Esta relación entre las dos escalas se verifica para todas las notas. Por eso, la escala de do mayor tiene las notas do, re, mi, fa, sol, la y si, y la escala de re mayor, en cambio, está compuesta por las notas re, mi, fa$^\#$, sol, la, si y do$^\#$. Las notas son distintas a la escala de do mayor, pero los intervalos son los mismos

Hay doce notas; por lo tanto, hay doce escalas mayores. La fórmula de una escala mayor será la misma para los doce tonos. La escala mayor es la más estimulante y la más **tocada**. Si cambiamos la fórmula de nuestra escala mayor, obtendremos escalas y sensaciones nuevas. Una escala menor a menudo invoca **tristeza** o pérdida. Las escalas con intervalos extraños pueden sonar raras o exóticas. El carácter final de la canción estará determinado por el orden de nuestras notas.

El blues usa muchos intervalos menores, porque evocan un sentimiento de **desazón**. Dado que el rock evolucionó del blues, podemos esperar que aparezcan algunos intervalos menores. Estos intervalos surgen cuando tocamos lo que se conoce como *blue notes*.

Además de los pulsos y el ritmo, el rock se define por las *blue notes*. Estas aparecen cuando le bajamos un semitono a algunas notas en nuestra escala mayor, es decir, cuando tocamos notas que no están en la escala. Esto copia el movimiento melismático de la voz humana. Las *blue notes* más comunes son la tercera bemol y la séptima bemol. En vez de tocar do-re-mi-fa-sol-la-si, probemos tocar do-re-mi^b-fa-fa#-sol-la-si^b y observemos el nuevo sentido de la escala.

Cuando nos movemos de la escala mayor, estamos agregando cromatismo. No es nada más que un poco de condimento. Una canción de pop rock puede usar solamente las notas de una escala mayor o menor, pero si un músico quiere tocar blues, jazz, rock pesado o cualquier cosa funky, tendrá que agregar *blue notes*.

ACORDES

Cuando tocamos simultáneamente varias notas, creamos un acorde. Estos acordes tienen cualidades tonales parecidas a los intervalos que hay entre las notas que los forman. Un acorde que use un intervalo mayor sonará fuerte y estimulante, mientras que un acorde con un intervalo menor sonará triste. Un acorde con un intervalo aumentado sonará perturbador y no resuelto.

Cuantas más notas juntemos, más grandes se volverán nuestros acordes. Los acordes mayores, como do mayor, se componen de tres notas: una nota fundamental, una tercera mayor y una quinta justa. En el caso de do mayor, esas notas son do, mi y sol.

Sin embargo, podemos seguir agregando notas, cosa que transformará el acorde. Sumar notas a un acorde es como condimentar una comida. Los músicos de jazz son conocidos por sus acordes complicados, porque les gusta crear un sonido único.

Aquí hay algunos ejemplos de acordes y las notas que los crean:

Do o do mayor es solamente do-mi-sol.

Do7 o do dominante séptima es do-mi-sol-si^b (con la *blue note*).

Do9 o do mayor 9 (do-mi-sol-si^b-re) es un acorde común en el boogie woogie y en R&B.

Do13 o do mayor 13 es do-mi-sol-si^b-re-la. Vemos estos acordes largos en el funk y el jazz.

Los acordes que tienen más de tres notas se conocen como acordes extendidos. Los acordes también se pueden modificar. Un ejemplo de esto es tocar una nota diferente a la **nota fundamental** (la primera nota, que le da nombre al acorde; en los ejemplos anteriores, do). Esto se conoce como **acorde en inversión** y es común escucharlo en canciones que tienen una línea de bajo descendente, como "All the Young Dudes", de Mott The Hoople o "21 Guns", de Green Day.

También hay un acorde conocido como **acorde de quinta**, que técnicamente no es un acorde. Es solo la nota fundamental (1) y la quinta (5) tocadas juntas. Esto crea una base musical sólida sobre la cual tocar. El punk, el grunge y el heavy metal usan muchos acordes de quinta en sus canciones.

Al igual que con los intervalos y las escalas, podemos poner los acordes en un orden específico. Ese es el próximo paso para componer una canción, ¡una secuencia de acordes se convierte en una progresión de acordes!

Vocabulario:

tararea (tararear) hums
(el) teclado keyboard
(la) tecla key
(el) traste fret
sostenido sharp
bemol flat

merece (merecer) deserves
agudas high (notes)
(los) bateristas drum players
agradable nice
tocada played
(la) tristeza sadness
(la) desazón unease
(los) acordes chords
(la) nota fundamental root note
(los) acordes en inversión inversion chord
(el) acorde de quinta fifth chord

¡Escuchemos!

"Ol' Man River" – Paul Robeson
"Always Be My Baby" – Mariah Carey
"Jaws: Main Theme" – MS Art
"Never Gonna Give You Up" – Rick Astley
"Eight Days A Week" – The Beatles
"Yesterday" – The Beatles
"Beverly Hills Cop: Main Theme" – Geek Music
"Purple Haze" – Jimi Hendrix
"YYZ" – Rush
"Call Me Maybe" – Carly Rae Jepsen
"Take On Me" – A-ha
"Doogie Howser, M.D." – TV Tunesters
"Do-Re-Mi" – The Sound of Music
"All The Young Dudes" – Mott The Hoople
"21 Guns" – Green Day

2.4 PROGRESIONES DE ACORDES REPETIDAS Y EL ESQUELETO DE LA CANCIÓN DE ROCK

- *El rock se basa en un conjunto de pulsos y ritmos.*
- *También hay series de progresiones de acordes similares.*
- *Entender estos conceptos básicos nos llevará lejos en el mundo del rock.*

¿Alguna vez te has preguntado cómo un músico puede subir a un escenario y tocar una canción nueva inmediatamente? No es magia ni un talento increíble: lo hacen aprendiendo las progresiones de acordes del rock. En realidad, lo sorprendente es que muchas canciones conocidas ¡son de hecho muy parecidas!

Los ritmos, las **líneas de bajo** y las progresiones de acordes no pueden tener **derechos de autor**; solo la melodía. Aunque hay muchas maneras distintas de ordenar las doce notas, hay algunas secuencias que son más atractivas que otras.

Como hemos visto con los intervalos musicales, hay unos pocos que realmente se destacan. Los intervalos justos son los que más se usan, porque tienen un sonido agradable. Con los acordes se sigue el mismo criterio. Las canciones más populares usan generalmente acordes mayores o menores, que tienen mayor consonancia, mientras que el rock progresivo o el metal aumentan su paleta de sonidos con más acordes menores y disminuidos.

Conocer las progresiones de acordes es fundamental para escribir canciones. Un compositor jugará con progresiones de acordes conocidas hasta encontrar una idea nueva.

Algunos grupos usan una gran variedad de progresiones de acordes, mientras que otros se **aferran** a lo que saben que funciona. Las canciones de los Ramones suenan todas parecidas, porque usan siempre las mismas progresiones. The Beatles, por otro lado, usaban tantas como podían. A esta altura ya no hay progresiones nuevas. Lo que tenemos ahora es lo que hay, ¡hasta que alguien invente un estilo nuevo!

NOTACIÓN NASHVILLE

Antes de continuar, es importante recordar que los intervalos son idénticos en todas las escalas. Todas las escalas mayores tienen una tercera mayor, por ejemplo. La diferencia es que esa tercera mayor será una nota distinta dependiendo de cuál sea la escala que estemos usando. Para la escala de do, la tercera mayor será un mi; para la escala de fa, será un la bemol.

Esa regularidad es muy útil para los músicos, especialmente para los que no tienen mucha educación formal. Les sirve como un **atajo**. Por eso, los primeros músicos de R&B usaban el sistema de notación Nashville, que es una forma de graficar esta regularidad.

En esta tabla se expone cada tono con su número Nashville.

Notación Nashville	1	2	3	4	5	6	7
Notación Latina	Do	Re	Mi	Fa	Sol	La	Si
Notación Anglosajona	C	D	E	F	G	A	B

Notación Nashville en clave de Do

En los ensayos de las bandas de rock, es común escuchar a alguien decir "esta canción es un 1-4-5 en la escala de do". Esto significa que la canción se compone de los acordes do, fa y sol. ¿Por qué? Porque do, fa y sol son, respectivamente, la primera (1), la cuarta (4) y la quinta (5) nota en la escala de do (**do**-re-mi-**fa**-**sol**-la-si). "Un 1-4-5" significa que la canción está compuesta por una progresión de tres acordes derivados de esas tres notas en la escala.

A su vez, si alguien dice que la canción es un 1-4-5 en escala de mi, los acordes cambiarán, porque cambiará la escala. En este caso, en vez de do, fa y sol, serán los acordes mi, la y si. ¿Por qué? Porque mi, la y si son la primera, la cuarta y la quinta nota en la escala de mi (**mi**, fa$^\#$, sol$^\#$, **la**, **si**, do$^\#$ y re$^\#$).

Los acordes cambian porque la escala cambia, pero los intervalos, representados por los números, son los mismos. Algunas veces, los números se escriben en números romanos. Los últimos ejemplos pueden escribirse como I-IV-V.

Estos números facilitan muchas cosas. Por un lado, muestran claramente el esqueleto de la canción. Por el otro, ayudan a cambiar de escala rápidamente, algo muy útil. Cambiar la escala permite, por ejemplo, adaptar la canción al registro vocal del cantante. También ocurre que, en algunos instrumentos, hay escalas más técnicamente **desafiantes** que otras (en general, las que tienen muchos sostenidos y bemoles). Una banda puede querer cambiar de escala para hacer que la canción sea más fácil de tocar.

A pesar de que los intervalos entre los acordes son los mismos, cambiar la escala no es infalible. Hay otros factores en la canción que pueden alterar el sonido final.

PROGRESIONES DE ACORDES POPULARES

Echemos un vistazo a algunas progresiones sencillas. Usaremos números romanos, ya que ayudan a mostrar mejor la relación entre los acordes.

I-V

Las primeras melodías folk y pop simplemente se movían hacia adelante y hacia atrás en la fundamental (1) y la quinta (5). Al igual que el intervalo, este es un sonido muy consonante, que suena muy familiar. Por eso las canciones de ejemplo parecen tan similares.

Para agregar más tensión a una **aburrida** progresión I-V, podemos extender el acorde V. Lo transformaremos en un

V7. No es nada difícil: solo tenemos que agregar una nota más a la tríada básica de un acorde mayor.

Recordemos brevemente cómo se conforma un acorde mayor. En realidad, es algo muy sencillo. Solo necesitamos tres notas: la fundamental, la tercera mayor y la quinta justa. Para formar el acorde de do mayor, por ejemplo, tenemos que usar las notas do, mi y sol.

A su vez, también podemos extender ese acorde agregando más notas. La extensión más usada en el rock es la séptima menor. Para agregarla a un acorde, tenemos que incluir la séptima menor en la escala, es decir, la nota que está un tono *antes* de la tónica.

Esto suena más complicado de lo que es. Imaginemos una progresión I-V en escala de do. Tiene solo dos acordes; uno toma como nota fundamental la primera nota de la escala y el otro usa la quinta. En nuestro ejemplo, esos acordes son do mayor y sol mayor. El acorde de sol mayor, como todos los acordes básicos, está compuesto por tres notas. Esas notas son sol, si y re.

Para extender el acorde de sol, y convertirlo en un V7, tenemos que agregar una nota más. Usaremos la séptima de la nota sol, porque sol es la nota fundamental de este acorde. Por lo tanto, nuestro acorde estará compuesto por cuatro notas: sol, si, re y fa. Así, nuestra progresión de I-V7 estará compuesta por dos acordes: un do mayor y un sol mayor con séptima.

Muchas canciones usan un I-V7. Algunas son:

- "You Never Can Tell" de Chuck Berry

- "A-Yo" de Lady Gaga

- "Summer of 69" de Bryan Adams

I-IV

El IV o cuarto acorde es un poco menos perfecto que el V. Suena más inestable y esta pequeña debilidad genera más tensión. Por eso es ideal para canciones básicas de rock. Hay muchas canciones que son solo I-IV o I-IV7 una y otra vez.

"The Beat Goes On" de Sonny & Cher, tiene una progresión de acordes I-I7-IV. Esto significa que aplica la séptima al fundamental y no al quinto como vimos en el caso anterior. Sin embargo, el principio es el mismo. Después del acorde con séptima, la canción usa brevemente un IV para resolver y volver a Io fundamental. ¡Con solo un ritmo simple y una progresión de acordes se logró un gran éxito!

- "Feelin Alright" de Traffic

- "Everyday People" de Sly and the Family Stone

- "Born in the U.S.A" de Bruce Springsteen

- "Midnight Hour" de Wilson Pickett

- "Once Bitten Twice Shy" de Great White

I-IV-V

Estos tres acordes se corresponden con los intervalos justos que vimos unos capítulos atrás. Además del acorde fundamental, tenemos el acorde IV, que se basa en la cuarta justa, y el acorde V, que se basa en la quinta justa. Esta regularidad produce un sonido fuerte y estimulante. Hay cientos de canciones que están hechas con estos tres acordes. En el rock, se suele poner una séptima en el V para más tensión: I-IV-V7. Tres acordes nos dan un poco más de variedad en la canción.

- "Big Rock Candy Mountain" de Harry McClintock

- "Teddy Bear" de Elvis Presley

- "Down on the Corner" de CCR

- "Imagine" de John Lennon

- "7 Things" de Miley Cyrus

I-V-vi-V

Si un compositor quiere crear un éxito de pop rock, ¡el I-V-vi-V es fundamental! Es una de las progresiones de acordes más **escuchadas**, después del I-IV-V. Ahora bien: ¿qué significa ese vi en minúscula?

La respuesta es sencilla: vi es un acorde **levemente** distinto a VI. VI es, como todos los acordes que estuvimos trabajando hasta ahora, un acorde mayor; vi, en cambio, es un acorde menor. Ambos tienen como nota fundamental a la sexta nota de la escala, pero usan una tríada diferente. El acorde VI usa una tercera mayor y el acorde vi usa una tercera menor.

La diferencia entre acordes menores y mayores es más fácil de entender con un ejemplo. Tomemos, por ejemplo, el acorde do. Como ya hemos visto, se conforma con tres notas básicas: la primera, la tercera y la quinta. La primera es do, la tercera es mi y la quinta es sol.

Sin embargo, esas tres notas forman el acorde de do *mayor*. ¿Por qué? Porque estamos usando una tercera mayor, mi, la nota que está a dos tonos de la fundamental, do. Para formar el acorde de do *menor*, tenemos que buscar la tercera menor, distante a un tono y medio. Lógicamente, esa nota está un semitono antes en la escala cromática, y no es más que un mi bemol.

Esto significa que el acorde de do mayor se construye con la serie do-mi-sol, que es la reunión de una nota fundamental, una tercera mayor y una quinta justa. Y significa también que el acorde de do menor se compone de do-mi^b-sol, que es la suma de una nota fundamental, una tercera menor y una quinta justa. Toda esta distinción entre acordes menores y mayores se basa en ese semitono de diferencia en las terceras.

A su vez, ya vimos que las escalas no contienen todas las notas. La escala de do (do-re-mi-fa-sol-la-si), por ejemplo, no contiene la nota fa$^\#$. Tampoco contiene la nota si^b. Esto significa que, dentro de la escala, podremos formar ciertos acordes y no otros. Si el acorde necesita un fa#, no podremos formarlo sin salirnos de la escala.

¿Qué implica esto? Implica, entre otras cosas, que el acorde de sexto grado es necesariamente un acorde menor. ¿Por qué? Porque, en una escala natural de siete notas, no tenemos la tercera mayor para formar el acorde mayor. Recordemos algo: todas las escalas repiten los mismos intervalos. Con los intervalos que estamos **manejando**, el acorde VI no es parte de la escala.

De nuevo, será más sencillo con un ejemplo. En la escala de do, el sexto grado es la nota la. Muy bien, eso es fácil. Ahora, ¿cómo se forma el acorde de la mayor? Con un la, un do#y un mi. ¿Por qué? Sencillamente porque esos son los intervalos que forman un acorde mayor: una nota fundamental, una tercera mayor (es decir, una nota a dos tonos de distancia de la fundamental) y una quinta justa.

Sin embargo, en la escala de do no tenemos la nota do#. Solo tenemos la nota do. Por lo tanto, no podemos formar el acorde de la mayor sin usar una nota que está fuera de la escala. Lo natural, entonces, es formar el acorde la con la nota *que sí tenemos*: el do. Y entre el la y el do hay una tercera menor. Formamos, por lo tanto, el acorde de la menor: un vi.

Agregar el vi genera una tensión completamente distinta. La canción no siempre resulta estimulante, depende del resto de la melodía.

- "Hey Soul Sister" de Train

- "Let It Be" de The Beatles

- "No Woman No Cry" de Bob Marley

- "Under the Bridge" de Red Hot Chili Peppers

- "Don't Stop Believin'" de Journey

I-vi-IV-V

Esta progresión es solo una variación de la anterior. Esto es algo común en la música popular: muchas progresiones simplemente mezclan los acordes. ¡Y eso genera un gran cambio! Esta progresión se hizo popular con la música doo wop. Es la secuencia característica de éxitos como:

- "Monster Mash" de Boris Pickett

- "Wonderful World" de Sam Cooke

- "Baby" de Justin Bieber

- "Earth Angel" de The Penguins

- "Telephone Line" de ELO

vi-IV-V-I

Esta variación comienza con el vi. Se conoce como progresión sensible, ya que las canciones suelen tener un sentimiento melancólico.

- "San Francisco" de Scott McKenzie

- "The Passenger" de Iggy Pop

- "One of Us" de Joan Osborne

- "Self Esteem" de The Offspring

- "Complicated" de Avril Lavigne

ii-V-I

Esto se conoce como giro de jazz y es un básico en la mayoría de las canciones de jazz. Algunas, incluso, son únicamente esta progresión ¡y eso es todo! Como podemos ver, con el acorde de segundo grado ocurre lo mismo que con el de sexto grado: es necesariamente un acorde menor.

- "Autumn Leaves" de Kosma and Prévert

- "I'd Really Love to See You Tonight" de Dan and Coley

- "Sunday Morning" de Maroon 5

- "Satin Doll" de Duke Ellington

- "Afternoon in Paris" de John Lewis

I-vi-ii-V

Esta progresión de acordes también se usaba en la época del jazz y del ragtime.

- "Hungry Heart" de Bruce Springsteen

- "Without You" de Harry Nillson

- "Have Yourself a Merry Little Christmas" de Judy Garland

- "Sherry" de Four Seasons

- "Fluorescent Adolescent" de Arctic Monkeys

I-IV-bVII7

Hasta ahora, todas las progresiones que hemos visto también están presentes en otras formas de música. Pero este I-IV-bVII7 es conocido por pertenecer especialmente al blues y al rock. Al rock **le sienta muy bien** una escala con una cuarta y una séptima bemol. Se llevan bien, como el pan y la **mantequilla**.

¿Qué es un séptimo bemol? A esta altura es posible deducirlo con lo que ya sabemos. El acorde es un bVII, lo que significa que su nota fundamental es un bemol. En vez de usar la séptima nota de la escala, usa la que está un semitono antes. Esto se sale de la escala, por lo que genera mucha tensión. Eso puede ser muy útil.

En la escala de do, la progresión I-IV-bVII es la sucesión de tres acordes: do mayor, fa mayor y si^b mayor. ¿Qué notas tiene el si^b mayor? Bueno, tiene las notas que le corresponden a todos los acordes mayores: una fundamental, una tercera mayor y una quinta justa. En este caso, esas notas son un si^b, un re y un fa.

En esta progresión en particular, la I-IV-bVII7, el acorde de séptimo grado además tiene una séptima. Eso significa que es un acorde extendido: está compuesto por la nota fundamental, la tercera mayor, la quinta justa y la séptima menor (las séptimas mayores se indican diferente). Podemos seguir con el ejemplo que estábamos usando: el acorde de si^b en la escala de do. La séptima, en este caso, sería un la bemol. El acorde entonces estaría compuesto por un si^b, un re, un fa y un la^b.

Hay muchas canciones que usan esta progresión. Algunas son:

- "Steady As She Goes" de The Raconteurs

- "Eye of the Tiger" de Survivor

- "All Along the Watchtower" de Bob Dylan

- "Soul Meets Body" de Death Cab for Cutie

- "Sultans of Swing" de Dire Straits

I-Iaug-I6-I7

Esta progresión de acordes puede parecer confusa, ya que son todos acordes fundamentales. En esencia, es siempre el mismo acorde: I. Sin embargo, si miramos bien, veremos que cada versión del acorde tiene una forma **ligeramente** diferente. Entonces, aunque se toque el mismo acorde fundamental, hay un movimiento.

La primera versión es la que ya conocemos: un I. Allí no hay misterio. La segunda sí es nueva: un Iaug; es decir, un I, pero con un tono picante. "Aug" significa "aumentado", lo que ya nos da una **pista**. Seguramente, tendremos que usar un intervalo aumentado. Y solo existe un intervalo aumentado: la cuarta aumentada.

En la práctica, esto significa que el acorde Iaug estará compuesto por una nota fundamental, una tercera mayor y una cuarta aumentada. Reemplazamos la quinta justa por una nota que está solo un semitono antes. Si el acorde I es un do, compuesto por un do, un mi y un sol, el acorde Iaug estará compuesto por un do, un mi y un fa sostenido.

Los otros dos acordes, I6 y I7, son acordes extendidos. I6 es un acorde I con una sexta. Eso significa que tendremos que agregar una sexta menor: si el acorde es un do mayor, agregaremos un la, que es la nota que se corresponde a ese intervalo.

Por su parte, el I7 no tiene mayor dificultad, porque ya lo hemos visto. Es un acorde mayor con una séptima menor. En el caso de do, ese acorde se forma con un do, un mi, un sol y un si bemol.

De esta manera, podemos ver que, aunque el acorde es fundamentalmente el mismo, hay cierta sensación de crecimiento. Las variaciones pasan de una cuarta aumentada, a una sexta menor, a una séptima menor. Esto crea una sensación estimulante y de inspiración.

- "Greatest Love of All" de Whitney Houston

- "For Once in My Life" de Stevie Wonder

- "Accentuate the Positive" de Arlen & Mercer

- "Starting Over" de John Lennon

- "Love Will Keep Us Together" de Captain & Tennille

Hay más progresiones de acordes utilizadas en el rock, pero las que hemos visto hasta aquí abarcan la mayor parte del género. Estas canciones pueden tener estructuras similares, pero sus melodías son únicas.

La melodía es la línea principal de una canción. La estrofa, el coro y el puente por lo general tienen melodías distintas, que se repiten en cada sección. El cantante principal generalmente canta la melodía de la canción, mientras que el guitarrista, el bajista, el teclista y el baterista **se hacen cargo** de los acordes y del ritmo.

Cuando escuchamos a los coristas, en general esa es la armonía de la canción. La armonía simplemente es agregar notas a la melodía principal para formar acordes. La melodía se mueve horizontalmente, mientras que la armonía es vertical (se "apilan" notas). Una de las mejores maneras de ver la diferencia entre melodía y armonía es escuchar un cuarteto de

barbería (*barbershop quartet*), un grupo de cuatro cantantes sin instrumentos. Cuando escuchamos canciones de ese género, es mucho más fácil separar las partes.

Vocabulario:

(las) líneas de bajo bass lines
(los) derechos de autor copyright
aferran (aferrar) hold on to
(el) atajo shortcut
desafiantes challenging
echemos un vistazo (echar un vistazo) take a look
aburrida boring
escuchadas listened
levemente slightly
manejando (manejar) handling
le sienta muy bien (sentarle muy bien) it suits him/her well
(la) mantequilla butter
ligeramente slightly
(la) pista clue

se hacen cargo (hacerse cargo) take over

¡Escuchemos!

"A-YO" – Lady Gaga
"Summer of '69" – Bryan Adams
"Feelin' Alright?" – Traffic
"Everyday People" – Sly & The Family Stone
"Born In The U.S.A." – Bruce Springsteen
"In The Midnight Hour" – Wilson Pickett
"Once Bitten Twice Shy" – Great White
"The Big Rock Candy Mountain" – Harry McClintock
"(Let Me Be Your) Teddy Bear" – Elvis Presley
"Down On The Corner" – Creedence Clearwater Revival
"Imagine" – John Lennon
"7 Things" – Miley Cyrus
"Hey, Soul Sister" – Train
"Let It Be" – The Beatles
"No Woman No Cry" – Bob Marley & The Wailers
"Under The Bridge" – Red Hot Chili Peppers
"Don't Stop Believin'" – Journey
"Monster Mash" – Bobby 'Boris' Pickett

"Wonderful World" – Sam Cooke
"Earth Angel" – The Penguins
"Telephone Line" – Electric Light Orchestra
"San Francisco (Be Sure To Wear Flowers In Your Hair)" –
Scott McKenzie
"One Of Us" – Joan Osborne
"Self Esteem" – The Offspring
"Complicated" – Avril Lavigne
"Autumn Leaves" – Kosma & Prévert
"I'd Really Love To See You Tonight" – Dan & Coley
"Sunday Morning" – Maroon 5
"Satin Doll" – Duke Ellington
"Afternoon In Paris" – John Lewis
"Hungry Heart" – Bruce Springsteen
"Without You" – Harry Nilsson
"Have Yourself A Merry Little Christmas" – Judy Garland
"Sherry" – The Four Seasons
"Fluorescent Adolescent" – Arctic Monkeys
"Steady, As She Goes" – The Raconteurs
"Eye Of The Tiger" – Survivor
"All Along The Watchtower" – Bob Dylan
"Soul Meets Body" – Death Cab for Cutie
"Sultans Of Swing" – Dire Straits
"Greatest Love Of All" – Whitney Houston
"For Once In My Life" – Stevie Wonder
"(Just Like) Starting Over" – John Lennon
"Love Will Keep Us Together" – Captain & Tennille

2.5 ¿CÓMO ES LA MÉTRICA DEL ROCK?

> • *Muchas canciones de rock tienen una estructura similar, compuesta por puentes, estrofas y estribillos.*

La música popular, como el rock y el dance, está generalmente en compás de 4/4. En este compás, las métricas y las letras se agrupan de dos en dos. Por eso los bailarines cuentan "5, 6, 7, 8": es como marcar el tiempo.

Algunas canciones tienen introducciones de dos o cuatro compases, seguidas por una estrofa y un estribillo. Las primeras canciones de folk rock, como las que cantaba Bob Dylan, a menudo eran solo una estrofa y un estribillo. Muchas canciones de rock agregan un **puente**, o incluso un solo, para cambiar un poco la canción. Los formatos de la canción son su esqueleto y, en su mayoría, se pueden dividir en unas pocas categorías.

Las canciones con formato AAA tienen una sola sección que se repite. "The Times They Are A-Changin'", de Bob Dylan, y "The House of the Rising Sun", de The Animals, son grandes ejemplos de esto.

El formato ABAB consiste en una sección A y una sección B o estrofa, estribillo, estrofa y estribillo final. Por ejemplo, "Back in Black" de AC/DC.

El formato ABABCB tiene una sección C agregada: estrofa, estribillo, estrofa, puente y estribillo final. Como "Every Rose Has Its Thorn", de Poison.

En el pop rock las secciones suelen ser de 8 compases, pero puede variar. Las canciones con formato ABAB por lo general tienen 32 compases en total. Y algunas canciones usan un formato AABA, como "Yesterday", de The Beatles. Pero no todas las canciones de rock tienen secciones de 8 compases. Las primeras progresiones de blues usaban 12 compases y ese es el estándar del rockabilly. Algunos grandes ejemplos de canciones de blues rock de 12 compases son "Blue Suede Shoes", de Elvis Presley, y la **acertadamente** llamada "12-Bar Original", de The Beatles que se podría traducir como "Original de 12 compases".

Recordemos que el rock va de tensión y descarga. **Ir y venir** de la estrofa al estribillo es esencial. Algunas canciones también pueden agregar un pre-estribillo, un final o cualquier otro elemento. ¡Las canciones con formato AAA no son las más rockeras! Esa estructura es más bien del folk. Para que el público baile, tiene que haber un contraste.

El estribillo (o coro) es la parte más importante de una canción de rock. Por lo general, contiene el **gancho**. El gancho es la frase principal de la canción; es lo que se solía promocionar en las radios. En la música popular, el objetivo es hacer un riff o una frase que a todo el mundo le guste. Una de las canciones más famosas sobre el gancho es "Hook", de Blues Traveler. La letra de la canción cuenta al público el truco del rock: *Because the hook brings you back* ('porque el gancho te trae de vuelta').

El puente de muchas canciones de rock a veces se conoce como *middle eight*. Es un período de transición para los acordes que conduce al estribillo final. También es donde puede estar el solo. Es una parte que construye el impulso y la tensión para el estribillo final. A medida que el rock se iba centrando en la guitarra, los solos se convirtieron en el **punto central** de la canción.

Ya vimos lo básico sobre progresiones y secciones. Sin embargo, el rock no está hecho solo de melodías, armonías, estructuras y ritmos. También está hecho de diferentes técnicas para tocar. Las estrellas de rock tienen métodos específicos de tocar las notas, ¡para asegurarse de que su canción esté rockeando!

Vocabulario:

(el) puente bridge
acertadamente rightly
ir y venir to come and go
(el) gancho hook
(el) punto central main point

¡Escuchemos!

"The Times They Are A-Changing" – Bob Dylan
"House Of The Rising Sun" – The Animals
"Back In Black" – AC/DC
"Every Rose Has Its Thorn" – Poison
"Yesterday" – The Beatles
"Blue Suede Shoes" – Elvis Presley
"12 Bar Original" – The Beatles
"Hook" – Blues Traveler

2.6 TÉCNICAS COMUNES

- *El rock tiene ciertas técnicas particulares, propias del género, que afectan el estilo y la textura de la melodía.*

- *La tecnología ha tenido un rol importante en el desarrollo de nuevas técnicas musicales.*

Las técnicas para tocar rock pueden ser simples o complicadas. B. B. King tocaba *hammer-ons* y *pull-offs* lentos en sus canciones, que las hacían sonar como blues. Edie Van Halen usaba las mismas técnicas, pero a **la velocidad del rayo**. Esto lo hacía sonar técnicamente brillante. Ambos, cada uno a su manera, eran maestros de la guitarra.

Si tocas una escala de blues simple hacia arriba y hacia abajo en un piano o en una guitarra, no suena como rock, solo suena como un blues **pasado de moda**. Las notas deben tocarse de una manera rítmica y sincopada. La duración y la fuerza de las *blue notes* es lo que cambia el sonido del rock and roll. Muchas de estas técnicas vienen de estilos musicales anteriores; como hemos visto, la música sigue construyendo sobre el pasado.

La guitarra es relativamente nueva en el mundo de la música. Las guitarras acústicas no podían competir con **los vientos de metal** en el jazz y el swing. Una vez que llegó la amplificación, la guitarra empezó a sonar lo bastante fuerte como para atravesar la mezcla. Antes de eso, el piano y el banjo eran los instrumentos estadounidenses más comunes. El banjo fue el instrumento principal de Estados Unidos mucho antes que la guitarra. Los primeros guitarristas tomaron las técnicas del banjo y del piano y las aplicaron a la guitarra.

El objetivo principal de las técnicas para tocar rock es crear más tensión y descarga en la canción. Esto no significa solamente tocar las notas de cierta manera, sino a cierto tiempo. Estos métodos no tienen que ser siempre solos de guitarra alucinantes, pueden ser simples ráfagas, como en el reggae y el funk. En esos géneros, la guitarra simplemente toca **rasgueos** rápidos y silenciados en el 2° y en el 4° tiempo. A pesar de la simplicidad, eso es lo que ayuda a crear una síncopa increíble. Más allá del instrumento, todos los músicos crean el ambiente de baile según cómo están tocando sus notas.

DIFERENTES FORMAS DE TOCAR UNA NOTA

Es importante saber por cuánto tiempo tocar una nota. Hay algunos términos que le dan esa información al músico. *Staccato* significa tocar las notas en ráfagas cortas, como lo

---

[4] Aunque la guitarra acústica es muy antigua (su origen puede rastrearse hasta la Edad Media), a principios del siglo XX tenía un lugar secundario en la música bailable. Sencillamente no podía competir con el sonido de los vientos de metal. Sin embargo, esto cambió a mediados de los cincuenta, con la invención de la guitarra eléctrica, que podía amplificarse fácilmente.

hacen en el reggae. La canción "Three Little Birds" de Bob Marley es un gran ejemplo de guitarras tocando *staccato*. Cuando tocan estas ráfagas cortas en el 2° y el 4° tiempo, se conoce como *skank*. Si prestamos atención veremos que el 3°, entre el 2° y el 4°, también se enfatiza. ¡Al reggae le encanta el tercer *downbeat*!

Las notas *staccato* suelen tocarse como **corcheas** y **semicorcheas** para agregar *groove*. Cuando tocamos una línea de notas sin silencios entre ellas se conoce como *legato*. En la guitarra, el músico **tañe** una cuerda y luego toca muchas notas a partir de ese mismo golpe. Esto une las notas y crea una transición de sonido genial. Los solos de guitarra en general tienen mucho *legato*.

Además de la duración de las notas, también podemos usar diferentes tiempos de ataque y **decaimiento**. Esto tiene que ver con cuán rápido nos acercamos a una nota y cuán rápido nos vamos. La técnica de *hammer-on* es cuando el músico toca una nota fuerte, para hacer un **punteo** sin realmente tocar la cuerda. Y un *pull-off* es soltar esa nota rápidamente, lo que también hace sonar la cuerda sin puntear.

Junto con golpear y tirar de las cuerdas para agregar efectos, se puede hacer *slap* o *tapping*. *Tapping* es tocar ligeramente las cuerdas y se hace con ambas manos en el **mástil**. Por lo general, es una técnica avanzada, muy común en el heavy metal. Sin embargo, es anterior a ese género y al rock.

El *slap* es lo opuesto al *tapping* y se asocia principalmente a los bajistas. Para esta técnica, usan el pulgar y golpean una cuerda grave mientras puntean una cuerda más aguda.

Esto le da al funk un *groove* esencial; tocar el bajo con esta técnica genera un sonido muy sincopado y funky. La sintonía de *Seinfeld* tiene un gran sonido de bajo, ¡**a pesar de que** fue grabado con un sintetizador!

Al tocar rock con una guitarra o un piano, los acordes pueden ser tocados todos juntos o en un arpegio. El acorde de do mayor está compuesto por las notas do-mi-sol. Cuando esas notas se tocan por separado y repetidamente, obtenemos un arpegio. La introducción de la canción "Hotel California", de Eagles, es un ejemplo perfecto de un arpegio. Crea un agradable efecto de arpa cuando se toca lentamente. Algunos músicos tocan arpegios rápidos en *legato* en los solos.

LA TECNOLOGÍA Y LOS EFECTOS ELECTRÓNICOS AYUDAN A SUMAR NUEVAS TÉCNICAS

El rock and roll no se crea únicamente con técnicas musicales tomadas de estilos más antiguos. La tecnología siempre tuvo un papel importante en el desarrollo y la explosión del rock and roll. El amplificador nos permitió oír la guitarra y la distorsión contribuyó a la naturaleza rebelde y sucia. Para la década de los 60, los pedales de efecto llegaron a la escena. Muchos artistas, como Jimi Hendrix, aprovecharon esos pedales para crear notas que gritan, giran y hacen eco.

El avance de la tecnología amplía las posibilidades de la música. Las baterías rítmicas se pueden sumar al ritmo distintivo. Los sintetizadores se pueden programar para tocar arpegios más rápido que cualquier ser humano. Las armonías pueden superponerse mejor gracias a las técnicas de grabación **multipista**. Esta es una de las razones por las que el rock se volvió más duro con el heavy metal y la música disco. La tecnología ayudó a los músicos a crear ese sonido pesado.

Las técnicas que uses dependerán de la parte de la banda en la que estés. El bajista, por lo general, toca una nota a la vez. No suele ser algo **llamativo**. Aunque en el funk se usan más técnicas de bajo, tampoco tocan acordes. Por su parte, los cantantes y los vientos de metal tampoco pueden cantar o tocar más de una nota a la vez, por lo que están limitados a melodías simples.

Ahora que hemos visto los básicos de la teoría musical, veremos los principales instrumentos de un grupo de rock. ¡**Desglosaremos** cada sección de la banda y sus responsabilidades para hacer una verdadera canción de rock!

Vocabulario:

(la) **velocidad del rayo** the speed of light
pasado de moda out of fashion
(los) **vientos de metal** brass instruments
(los) **rasguidos** strains
(las) **corcheas** quarter notes
(las) **semicorcheas** eighths notes
tañe (tañer) plays

(el) decaimiento decay
(el) punteo plucking
(el) mástil guitar neck
a pesar de que despite the fact that
desprolija untidy
multipista multitrack
llamativo striking
desglosaremos (desglosar) break something down

¡Escuchemos!

"Three Little Birds" – Bob Marley & The Wailers
"Seinfeld Theme" – Jonathan Wolff
"Hotel California" – Eagles
"Voodoo Child" – Jimi Hendrix

---

3. INSTRUMENTOS UTILIZADOS EN EL ROCK'N'ROLL

- *El rock and roll siempre estuvo relacionado a los cambios tecnológicos, como la amplificación, la grabación o la distorsión.*

- *Dentro del rock, los músicos buscan llamar la atención, por lo que suelen recurrir a técnicas nuevas y experimentales.*

El rock and roll no surgió únicamente por los cambios culturales. Las nuevas tecnologías de producción masiva, surgidas en la primera mitad del siglo XX, también tuvieron un rol. Hicieron que hubiera más instrumentos a muy bajo costo. De pronto, comprar una guitarra o una trompeta era accesible para grandes sectores de la población que antes no se lo podían permitir.

En un principio, durante la época del jazz, los instrumentos de la *big band* (como el saxo, la trompeta, el trombón, la batería y el piano) eran la norma. La guitarra también era popular, pero se usaba como **acompañamiento** rítmico. Sonaba demasiado poco como para competir con los instrumentos de la *big band*.

---

[5] *Big band:* orquesta típica de jazz surgida alrededor de los años 20. En general, estaba compuesta por lo menos por tres secciones de instrumentos: metales (trompetas y trombones), maderas (saxofones, flautas o clarinetes) y ritmos (baterías, piano, guitarra y contrabajo). Solían tener por lo menos diez miembros.

Sin embargo, después de la Segunda Guerra llegaron los amplificadores. Entonces la guitarra eléctrica ganó protagonismo, porque ya no era **opacada** por instrumentos más **sonoros**, como el saxo o el piano. Mucho antes de grabar a Elvis, Sam Phillips ayudó a producir el éxito de Ike Turner "Rocket 88", de 1951. Esta es una de las primeras canciones de rock de la historia y un ejemplo perfecto de la instrumentación del rock. El piano, el saxo y la batería tocan un simple *boogie woogie* y *jump blues*, mientras que lo que impulsa realmente la canción es la guitarra amplificada.

El guitarrista de Ike Turner, Willie Kizart, tuvo que meter papel de periódico dentro del amplificador después de romperlo mientras cambiaba la rueda de un coche. De esta manera, se produjo por primera vez la distorsión del sonido de la guitarra, que se conocía como *fuzz*. Era un sonido **audaz**, potente y **llamativo**. "Rocket 88" ascendió al número 1 en las listas de R&B, y muchas otras canciones copiaron la idea de una guitarra eléctrica fuerte.

A pesar del protagonismo que tiene, la guitarra no es necesaria para el rock and roll. Little Richard y Jerry Lee Lewis tocaban el piano de manera muy llamativa y eso era suficiente. La clave para hacer una gran canción de rock en la década del 50 era que los instrumentos marcaran el contratiempo y sonaran lo más fuerte posible. ¡Incluso si eso significaba usar un amplificador roto!

Por su parte, la voz es otra forma de **darle color** a una canción. Muchas estrellas de rock tienen una voz llamativa, que identificamos fácilmente. Hay muchas maneras de hacer que las voces resalten en una canción de rock: Elvis la hacía temblar, James Brown gritaba eufórico y The Beatles **armonizaban** y enloquecían a la multitud.

Ya sea tocando un instrumento o cantando, **captar la atención** de la audiencia siempre es esencial. Esa **búsqueda** ha favorecido la innovación dentro del rock. Los instrumentistas y los cantantes quieren ser creativos, sorprendentes y originales. Están bien predispuestos para los experimentos y los accidentes felices y, de esa forma, muchas veces producen sonidos nuevos.

Vocabulario

(el) acompañamiento accompaniment
opacada overshadowed
sonoros sound
audaz audacious
llamativo striking
darle color (dar color) cheer up
armonizaban (armonizar) to harmonize
captar la atención capture the attention
(la) búsqueda search

3.1 BATERÍA, PERCUSIÓN Y ROCK

> - *El ritmo es fundamental en el rock. Después de todo, ¡al principio era música para bailar!*
> - *Los sets de batería pueden ser muy distintos entre sí. Muchas veces, esas diferencias son fundamentales para cambiar el estilo de una canción.*

El ritmo es la columna vertebral del rock. Sin contratiempo, sonaría como cualquier otro género. La batería mantiene el contratiempo y es una parte integral de la sección rítmica, que se termina de conformar por el bajista. Ellos son los que mantienen el ritmo general de la canción.

Los tambores se han usado durante mucho tiempo con fines militares, para sincronizar las tropas y subir la moral. En el siglo XIX, la banda de marcha, con tambores y vientos, se usaba fuera del campo de batalla para eventos deportivos y desfiles. Los bateristas debían caminar con un bombo o una **caja** atado a los hombros. Estas **cajas** tenían cables debajo del **parche** inferior para producir un ruido más fuerte.

En el siglo XX, se comenzaron a construir sets de batería, lo que le permitía al baterista tocar más cosas a la vez. La compañía Ludwig patentó un pedal para el **bombo**, para que el pie pudiera tocar el bombo mientras las manos tocaban la **caja** y los **platillos**. Las primeras baterías de jazz consistían en un bombo, una **caja** y un platillo. En algunos casos, se agregaban **cencerros** de metal o bloques de madera, para obtener más timbres.

A medida que la música pasaba del ragtime sincopado a la *big band*, las baterías se hicieron más grandes. Se agregaron tom-toms en la parte superior del bombo y más platillos. El padre del set de batería moderno es Gene Krupa; se puede reconocer su trabajo en la canción de Benny Goodman "Sing, Sing, Sing". Esta canción comienza con un riff memorable en los tom-toms. Él y Buddy Rich fueron dos de los bateristas más populares de la era del swing.

A los músicos negros no se les dio tanto crédito en el campo de la percusión, hasta que la industria discográfica empezó a impulsar el R&B como rock. Dos de los primeros bateristas de rock, Earl Palmer y Charles Connor, habían trabajado para Little Richard. Una vez, en una estación de tren, Little Richard le pidió a Charles Connor que hiciera que sus tambores sonaran como el tren. Él lo hizo marcando un ritmo más rápido y oscilante.

Durante la grabación de "Tutti Frutti", Little Richard mostró cómo debía ser la parte de la batería con su famosa introducción vocal. La enérgica interpretación y el ritmo de Earl Palmer en esa canción fueron el molde de la percusión rockera. Palmer tocó la **caja** y el platillo en el 2° y 4° tiempo, creando un contratiempo increíble. La percusión comenzó a volverse más llamativa, pero seguía manteniendo un perfil bajo. Un baterista tenía que mantener el ritmo.

Sin embargo, en la década del sesenta, los bateristas de rock and roll empezaron a hacerse un nombre. Keith Moon (The Who), Ginger Baker (Cream) y John Bonham (Led Zeppelin) **allanaron el camino**. Estos artistas se hicieron conocidos, simultáneamente, por sus salvajes excesos y por sus enormes sets de batería: Ginger Baker usaba dos bombos y hasta ocho (o más) platillos.

No todos los bateristas eran tan llamativos. Algunos eran grandes músicos con un perfil más bajo, como Levon Helms o Karen Carpenter. Por su parte, Ringo Starr no se formó profesionalmente, pero su modo de percusión fue muy admirado y copiado. Todo comenzó por accidente, porque usaba una batería para **diestros** a pesar de ser **zurdo**. Eso hizo que **se fuera un poco de tiempo**. Por suerte, ¡porque esto ayudó a definir el sonido de The Beatles!

The Beatles, junto con otras bandas de la invasión británica, aportaron la música beat al campo del rock. La música beat tenía más golpes de **caja**, timbales o platillos. Esto generaba un sonido nuevo y bailable. Al mismo tiempo, los primeros bateristas del funk estaban haciendo lo mismo al agregar semicorcheas a su ritmo.

El ritmo de batería más famoso de todos los tiempos lo tocó Clyde Stubblefied en 1970, en una canción de James Brown llamada "Funky Drummer". Cuando se crearon los *samplers* electrónicos, muchos artistas de hip hop (como Public Enemy, The Beastie Boys y Run-DMC) usaron esa base para rapear encima. ¡Hasta 2022, la base de "Funky Drummer" se ha usado en 1750 canciones!

El estilo del baterista dependía del subgénero de rock que estuviera tocando. Las bandas glam y punk tomaron el método del primer rock y lo hicieron más fuerte y más rápido. Bateristas como Robo (Misfits y Black Flag) o Jet Black (Stranglers) tomaron la simplicidad del garage rock y le agregaron mucho ruido e **ira**. Por otro lado, bateristas progresivos, como Phil Collins (Genesis) y Neil Peart (Rush), tenían sets de batería más grandes y hacían una fusión de géneros, en vez de solo rock and roll.

Durante la década de los 80, se empezaron a usar sets de batería enormes y excesivos, como el de Terry Bozzio (Frank Zappa). Bozzio estaba, literalmente, rodeado por docenas de bombos, platillos, **campanas** y cualquier instrumento de percusión que pudiera encontrar. Las "bandas de estadio", como Journey y Boston, también usaban sets de batería extravagantes para obtener el sonido que necesitaban.

Esto dejó de ser necesario con la aparición de las baterías eléctricas. El set de batería había hecho que una sola persona pudiera tocar muchos instrumentos distintos a la vez. Las nuevas tecnologías podían hacer más todavía.

A pesar de todo, las baterías eléctricas no terminaron con los bateristas. Muchos grupos combinaron ambas opciones. Prince mezcló ritmos analógicos y digitales con bateristas como Sheila E. Los artistas de R&B eran más receptivos a las nuevas tecnologías, mientras que el rock alternativo de los 90 recurría a una estética de simpleza. Sin embargo, toda la música tenía una gran influencia del dance y el funk. Dave Grohl (Nirvana) usó una base de batería de Cameo, una banda de funk, en "Come As You Are".

Para el siglo XXI, hasta el pop rock está influído por la música dance. Por eso, muchos grupos de rock utilizaron un estilo de percusión minimalista. Un gran ejemplo es el trabajo de Meg White, de The White Stripes, en "Seven Nation Army". La canción tiene un ritmo simple y demostró ser increíblemente popular. En contraste, están las bandas de thrash y de heavy metal, como Metallica, que tocan el doble pedal del bombo a la velocidad del rayo. La batería en el rock puede variar mucho, pero el objetivo siempre es el mismo: ¡hacer que el público se mueva!

El objetivo del baterista de rock es mantener el ritmo, sin importar el subgénero que esté tocando. Algunos son llamativos y montan un espectáculo, mientras que otros prefieren mantener un perfil bajo. De cualquier manera, son los responsables del contratiempo y del ritmo de la canción.

Aunque no están solos en ese trabajo: el bajista también tiene un rol importante.

Vocabulario:

(el) redoblante snare drum
(el) parche head
(el) bombo bass drum
(los) platillos cymbals
(los) cencerros cowbells
allanaron el camino (allanar el camino) paved the way
diestros right handed
zurdos left handed
corrido de tiempo off time
(la) ira rage
(las) campanas bells

¡Escuchemos!

"Sing, Sing, Sing" – Benny Goodman
"Tutti Frutti" – Little Richard
"Funky Drummer" – James Brown

3.2 TOCA ESE BAJO

- *Aunque los bajistas no suelen ser muy reconocidos, ocupan un rol fundamental en cualquier banda de rock.*
- *Algunos bajistas recurrieron a técnicas creativas para hacer destacar a su instrumento.*

Si alguna vez has escuchado una **broma** sobre un grupo de rock, el **remate** probablemente haya sido sobre el bajista. Es una **lástima**, pero lo cierto es que estos artistas no son muy respetados. Principalmente, esto se debe a que sus partes suelen ser simples. En muchos casos, el bajista toca únicamente la nota principal de cada tiempo. Pero el objetivo no es competir con la guitarra o las voces, sino crear un ritmo.

Además, el bajo puede ser difícil de escuchar. Eso no contribuye a su popularidad. Originalmente, el problema era aún peor, porque las bandas de rock tenían un contrabajo, que es un instrumento poco sonoro y sin amplificación. Todo cambió en 1950, cuando el famoso guitarrista Leo Fender inventó el bajo eléctrico. Este instrumento reemplazó rápidamente al contrabajo, porque la amplificación lo hacía destacar. Además, ayudó a las personas a pasar de la guitarra eléctrica al bajo, ya que usaban sistemas de **afinación** similares.

Stuart Sutcliffe era el bajista original de The Beatles hasta que se fue a estudiar a una escuela de arte. En ese momento, Paul McCartney tuvo que ocupar su lugar **de mala gana,** porque nadie más quería hacerlo. ¡Así de poco se respetaba al bajo en un grupo! Si bien nunca tuvo una gran técnica, gracias a su experiencia con la guitarra, escribió líneas para bajo muy melódicas. Esto hizo que el bajo resaltara mucho en sus canciones.

Carol Kaye fue una de las bajistas más destacadas del rock. Tocó en más de 10.000 grabaciones; algunos de sus éxitos son "Good Vibrations" (The Beach Boys) y "Feelin' Alright" (Joe Cocker). Fue miembro de The Wrecking Crew, un grupo de músicos de sesión de Los Ángeles que participó en muchos de los hits de la década de los 60.

Más allá de las bromas, los bajistas eran evidentemente importantes. Para mediados de la década del 60, una banda de rock **promedio** estaba compuesta por una batería, dos guitarras y un bajo. Y a medida que el rock progresaba, los bajistas encontraban nuevas maneras de hacer interesante su trabajo.

El **auge** de los pedales para guitarra también afectó a los bajistas. Bootsy Collins (considerado uno de los mejores bajistas de funk) usaba los pedales para darle a su bajo un efecto lejano y espacial. Tocó con James Brown en algunos de sus hits más funks y después se unió a George Clinton y a Parliament-Funkadelic. Veinte años más tarde tocó en el hit de 1990 "Groove Is in the Heart".

El funk y la música dance llevaron el bajo a la vanguardia de la música popular. Músicos de funk, como James Brown entre otros, establecieron que el bajo y la batería eran la parte más importante de la canción; en su caso, la guitarra era más rítmica. La banda de funk Chic creó una de las melodías de bajo más memorables en la canción "Good Times", después usada en "Rapper's Delight".

Así como los riffs y ritmos de batería, las buenas melodías de bajo fueron *sampleadas* por muchos artistas posteriores. La canción de The Jackson 5, "ABC" fue *sampleada* en la canción de hip hop "OPP" y la canción de Queen con David Bowie "Under Pressure" fue *sampleada* en "Ice Ice Baby". Definitivamente, hay una tendencia en el rock y en el hip hop a usar una línea de bajo simple, pero pegadiza, una y otra vez. En general, los riffs más populares no son complicados, solo hacen que te muevas.

Sin embargo, no todos los bajistas usan riffs fáciles. Geddy Lee, de Rush, a veces usaba el bajo como instrumento principal. Demostró que tocar el bajo no es siempre sencillo. Usaba melodías muy complejas que contrastaban al bajo con su amplio registro vocal. Inspiró, por ejemplo, al virtuoso bajista moderno Victor Wooten. Estos músicos usan muchas técnicas distintas para hacer que las notas del bajo **se destaquen.**

Una canción de estilo jazz clásico tendrá una melodía de bajo caminante, que es cuando el bajista pasa de una negra a otra, marcando los tiempos del compás. A medida que el pulso se fue volviendo más oscilante, se agregaron corcheas para aumentar la síncopa. Los bajistas de funk y de música dance empezaron a agregar semicorcheas para aumentar incluso más la tensión. Además, los bajistas empezaron golpear o *slapear* las notas de los tiempos acentuados. Los bajistas de heavy metal tocaban muchos **tresillos** para mantener un ritmo galopante.

Aunque el bajo puede parecer innecesario, es fundamental para mantener las notas graves del rock. Obviamente, no todos los grupos tienen un bajo. Por ejemplo, The Doors tocaba la mayor parte de sus melodías de bajo en el órgano. ¡Que no se vea un bajo no significa que no se estén tocando las notas graves!

La batería y el bajo ayudan a crear el ritmo subyacente y general de una canción. Mientras que esto se volvía más popular y prominente en la música electrónica, no hay que olvidar que el objetivo principal del rock era ser ruidoso y bullicioso. ¡El rock necesita montar una escena! Y para eso se necesita algo más que ritmo: se necesita una melodía principal.

Vocabulario:

(la) broma joke
(el) remate punch line
(la) lástima pity
(la) afinación tuning
de mala gana reluctantly
promedio average
(el) auge rise
se destaquen (destacarse) stand out
(los) tresillos triplets

¡Escuchemos!

"Good Vibrations" – The Beach Boys
"Feelin' Alright" – Joe Cocker
"Weapon Of Choice" – Fatboy Slim & Bootsy Collins
"Groove Is In The Heart" – Deee-lite
"Good Times" – CHIC
"Rapper's Delight" – The Sugarhill Gang
"ABC" – The Jackson 5
"O.P.P." – Naughty by Nature
"Under Pressure" – Queen & David Bowie
"Ice Ice Baby" – Vanilla Ice
"Light My Fire" – The Doors

3.3 HACER COSQUILLAS A LAS TECLAS DEL PIANO

- *El piano es un instrumento muy antiguo y prestigioso, ¡pero el rock lo ha usado a su manera!*
- *Los teclados electrónicos cambiaron la forma en que los pianos se incorporaban al rock.*

El piano se inventó a principios del siglo XVIII. Desde entonces, ha sido una parte integral de la mayoría de los géneros musicales. Es el instrumento que engloba a todos los demás: en un solo teclado tenemos el registro de toda la banda. Para mediados del siglo XX, la mayoría de los hogares de clase media en Estados Unidos tenían pianos. Los estudiantes podían tener acceso a uno en la escuela, en la iglesia o en cualquier bar. Muchos éxitos de la época del jazz, del blues y del boogie woogie tenían un piano como instrumento principal.

El piano también tiene una gran proyección de sonido: en el auditorio correcto, no necesita micrófono. Además, el artista puede tocar las notas graves y marcar el ritmo con su mano izquierda y tocar la melodía con su mano derecha. ¡El piano puede rockanrolear! Muchos de los artistas más exitosos de la primera etapa del rock eran pianistas.

Dos de los mejores pianistas del R&B y de los primeros años

del rock fueron Ray Charles y Fats Domino. Sus récords de ventas solo fueron superados por Elvis. Ike Turner fue otro pianista destacado durante sus primeros éxitos, aunque a veces sin obtener crédito por ello. Little Richard vino a mostrar cómo sonaba un piano en el rock. No solo ayudó a definir el sonido de la batería y del piano, sino que también le mostró al público que el líder de la banda, además de tocar, debía estar **dispuesto** a dar un espectáculo.

Jerry Lee Lewis trasladó el rockabilly al piano. Era un rockero salvaje; una vez **prendió fuego** su piano, ganándole por una década a Jimi Hendrix en la **quema** de instrumentos. Sin embargo, el piano no dominó el rock por mucho tiempo, ya que la guitarra se iba convirtiendo en el instrumento favorito de los rockeros. Eran más baratas y más portátiles. Además, con la llegada de los amplificadores, el bajo y la guitarra se escuchaban más y fueron el instrumento de preferencia de muchos grupos nuevos.

Sin embargo, el piano no se fue a ningún lado. Solo se transformó. La tecnología fue avanzando y comenzaron a aparecer los teclados eléctricos en las bandas de rock. También los órganos eléctricos se empezaron a producir en masa, con modelos como el Hammond B3 y el Vox Continental. Ray Manzerek (The Doors) usaba el Vox como una pieza distintiva de su sonido; también Stevie Wonder tocaba teclados y órganos eléctricos. Uno de los usos más famosos del órgano eléctrico fue en la canción de Procol Harum "Whiter Shade of Pale".

En algunos casos, estos nuevos instrumentos parecidos al piano se usaban como sintetizadores o *samplers*, lo que básicamente los convertía en instrumentos diferentes. Sin embargo, el viejo piano acústico seguía teniendo lugar en el rock. John Lennon y Paul McCartney lo usaron para crear canciones muy complejas y **sentidas**. Para mejorar este aspecto de su música, contrataron al excelente pianista Billy Preston. Muchas veces el rock es visto como una música simple y el piano ayuda a elevar su estatus.

En la época del pop rock clásico de la década de los 70, encontramos artistas enfocados en el piano, como Elton John o Billy Joel. Estos dos músicos demostraron que el rock no tenía por qué girar alrededor de la guitarra. Además, en algunos casos, las bandas de rock progresivo usaban el piano y el teclado para crear canciones muy diferentes a las de los años 50.

Rick Wakemen (Yes), Keith Emerson (Emerson, Lake & Palmer) y Tony Banks (Genesis) fueron todos teclistas de rock progresivo que demostraron que el rock no **giraba en torno** a una guitarra. Si bien eventualmente Genesis se convertiría en una banda de pop rock, en sus primeros días sus canciones eran más largas y complejas. En sus giras usaban muchísimos equipos: Keith Emerson viajaba con un sintetizador modular Moog que tenía el tamaño de un automóvil pequeño. Acústicos o eléctricos, los teclados no eran **livianos** ni fáciles de mover, por lo que las bandas más pobres no suelen tener la posibilidad de usarlos.

El piano siempre estuvo asociado a la clase alta, lo que explica por qué los rockeros jóvenes y rebeldes preferían una guitarra **polvorienta**. Si bien los pianistas son parte del rock, tienen una imagen más limpia. A medida que la guitarra grunge se volvía popular en la década de los 90, artistas como Ben Folds mantenían vivo el piano rockero. Los hombres blancos dominan la mayor parte del rock, pero como el piano era visto como un instrumento de clase alta, fue una puerta de entrada para que más mujeres ingresaran a ese mundo.

Muchas pianistas mujeres, como Sara Bareilles, Tori Amos y Vanessa Carlton, siguieron con la tradición de tocar un estilo más suave de pop rock. La mayoría de los pianistas de rock hoy en día tienen un costado más suave o progresivo. Es raro ver tecladistas con la energía de Little Richard o Jerry Lee Lewis.

La verdad es que el piano puede interpretar casi cualquier género. Con un registro tan amplio, el estilo dependerá de cómo se toque. Si se toca suavemente y de una manera compleja, sonará clásico. Si se marcan las *blue notes* y las síncopas, sonará como rock. El piano es el instrumento más versátil, especialmente desde la aparición de los teclados MIDI, que pueden reproducir prácticamente cualquier sonido. Puede que no tenga la presencia escénica que tenía en la década del 50, pero el piano y sus variaciones eléctricas siempre serán la **columna vertebral** del rock and roll.

Vocabulario:

(las) cosquillas tickles
dispuesto willing
prendió fuego (prender fuego) set fire
(la) quema burning
sentidas heartfelt
giraba en torno (girar en torno) revolve around
polvorienta dusty
livianos light
(la) columna vertebral backbone

¡Escuchemos!

"Your Song" – Elton John
"Piano Man" – Billy Joel
"Love Song" – Sara Bareilles
"A Thousand Miles" – Vanessa Carlton

3.4 ¡TOCA ESE SAXO, DADDY-O!

> • *El saxofón es un instrumento melódico que puede escucharse entre instrumentos amplificados.*

Todos los instrumentos de rock han variado en popularidad, pero el saxo en particular ha tenido muchos **altibajos**. Empezó como un instrumento central en la década del 50, hasta que la guitarra tomó su lugar. Pero, por supuesto, la historia del saxo es anterior al rock, o incluso al jazz. Se fabricó por primera vez en la década de 1840, como otro instrumento para usar en las bandas de marcha o en los cuerpos de tambores. En esa época, estas bandas estaban formadas únicamente por metales y tambores.

Los vientos de metal estaban hechos de tubos y una **boquilla** de metal, mientras que los vientos de madera estaban hechos de madera y usaban **lengüetas** de madera. Un belga llamado Adolphe Sax unió estos dos conceptos, combinando cañas de madera y tubos de metal de varios tamaños. Así creó muchos instrumentos, todas variaciones del saxo. Hoy en día todavía usamos cuatro tamaños: soprano, alto, tenor y barítono. Todos estos tamaños responden a su registro de sonidos. El soprano es el más agudo y el barítono el más grave.

El saxo en todas sus variantes fue bien recibido por el público. Inmediatamente se comenzó a usar en conciertos y bandas de marcha. Mencionamos antes cómo la amplificación de la guitarra le permitió resaltar entre los demás instrumentos; ese mismo principio fue lo que hizo al saxo tan popular. A diferencia del clarinete y la flauta de madera, el saxo sonaba fuerte. Cuando se tocaba bien podía competir con casi cualquier instrumento. Esto lo hizo **valioso** para todos los géneros, incluyendo el ragtime y el jazz a principios de siglo.

Las *big bands* y otras bandas de swing usaban múltiples saxos en sus canciones. La Glenn Miller Orchestra tenía un barítono bajo, dos tenores y, a veces, hasta tres altos. Esto era lo que le daba el sonido de una *big band*. Las primeras bandas de rock querían impactar a su audiencia, y los artistas de jazz ya habían demostrado que el saxo era ideal para generar emociones intensas. En 1940, artistas como Charlie Parker y Coleman Hawkins tocaban piezas increíbles que iban desde lo melódico hasta lo **bullicioso** y **descarado**.

El objetivo original del saxo era ser un instrumento de orquesta respetado, pero en la década del 50 se lo asociaba más a la clase baja, en parte por su vinculación con el jazz. Cuando apareció el rock and roll, el saxo se usó únicamente para marcar el contratiempo y, obviamente, en los solos.

En los primeros años del rock, el saxo y la guitarra parecían competir por el mismo espacio. En "Rock Around the Clock", de Bill Haley & His Comets, hay un solo de guitarra después de la primera sección y un rato después un solo de saxo. Otras canciones con grandes solos de saxo son "Sea Cruise", de Frankie Ford, y la versión de "Yakety Yak" interpretada por King Curtis. En general, los saxofonistas de rock no tenían tanto prestigio como sus colegas del jazz. Para la década de los 60 la guitarra había tomado su lugar como protagonista en el rock.

De todos modos, el saxo volvería muchas veces. Las generaciones que habían crecido con el bebop y los primeros éxitos del rock lo veían como parte del "verdadero" rock and roll. Por eso, en las décadas de los 60 y y los 70, las bandas que usaban el saxo eran en general bandas de rock de raíces, como The Rolling Stones.

Después de abandonar el rock psicodélico, David Bowie adoptó un sonido más parecido al rock de raíces y al soul. Su canción "Young Americans" tiene un solo de saxo memorable, del contralto David Sanborn. Él formó parte de muchos éxitos del rock. Tocó con Paul Butterfield (¡nada menos que en Woodstock!), Pure Prairie League, Carly Simon, James Taylor, Cat Stevens, Stevie Wonder y muchos más.

Bruce Springsteen también vio al saxo como una parte esencial del rock. Su banda, E Street Band, se hizo muy popular gracias al saxofonista barítono Clarence Clemos. Springsteen incluso menciona su encuentro con Clarence en la canción "Tenth Avenue Freeze Out", donde dice literalmente que Clarence fue esencial para su éxito. Cuando terminó la década de los 70, el saxo parecía estar regresando por completo.

Otro riff de saxo icónico fue grabado en 1978 por Raphael Ravenscroft en la exitosa canción "Baker Street", de Gerry Rafferty. En aquel momento, el saxo todavía era parte del rock. Sin embargo, pronto comenzó a aparecer en el jazz ligero y en la música contemporánea para adultos. El saxo se empezó a asociar a momentos **vergonzosos**, como el vampiro tocando el saxo en la película de 1987 "The Lost Boys". Finalmente, para la década de los 90, el saxofonista soprano Kenny G ya había llevado al instrumento al campo de la música de ascensor. El saxo ya no era *cool*.

Eso fue así hasta mediados de los 90, cuando las bandas de ska lo **recuperaron**. Al igual que el saxo, el ska no era nuevo en la década de los 90, sino que era otro resurgimiento. Las bandas ska tenían influencias de la danza jamaicana que, como las *big bands*, tenían una sección de vientos de metal con saxos, trompetas y trombones. A diferencia del rock, los vientos de metal no estaban únicamente para los solos, sino que estaban para ayudar a mantener una síncopa fuerte. Las bandas de ska de los 90 –como Sublime, No Doubt y The Mighty Mighty Bosstones– estaban influenciadas por las primeras bandas de ska, como Madness. Todos estos grupos ayudaron a sacar al saxo de la etapa de la música contemporánea para adultos.

Hoy en día, el saxo no tiene la presencia que antes tenía. El hip hop y la música dance a veces usan *samples* de saxos, pero rara vez hay un saxofonista real o una sección de vientos. Generalmente vemos al saxo en bandas de jazz o bandas que están intentando traer de vuelta la nostalgia de los años 50. Pero esta no es la primera caída del saxo y, seguramente, ¡lo veremos volver en cualquier momento!

Vocabulario:

(los) altibajos ups and downs
(la) boquilla mouthpiece
(las) lengüetas reeds
valioso valuable
bullicioso bustling
descarado brazen
vergonzoso embarrassing
recuperaron (recuperar) took back

¡Escuchemos!

"Sea Cruise" – Frankie Ford
"Yakety Yak" – King Kurtis
"Young Americans" – David Bowie
"Amie" – Pure Prairie League
"You're So Vain" – Carly Simon
"You've Got A Friend" – James Taylor
"Superstition" – Stevie Wonder
"Tenth Avanue Freeze-Out" – Bruce Springsteen
"Baker Street" – Gerry Rafferty
"Songbird" – Kenny G
"What I Got" – Sublime
"Just A Girl" – No Doubt
"The Impression That I Get" – The Mighty Mighty Bosstones

3.5 RIFFS, SOLOS Y SHREDS DE GUITARRA

> • *La tecnología y la amplificación de la guitarra la convirtieron en un instrumento útil para el rock.*

Antes de la llegada de la guitarra eléctrica, el banjo era uno de los instrumentos estadounidenses más populares. Era fácil de tocar, sonaba fuerte e iba muy bien con la síncopa del nuevo ragtime. Antes de la amplificación, la guitarra no podía competir con el banjo, los tambores, los vientos de madera o los de metal.

Los pioneros de la guitarra eléctrica fueron Leo Fender y Les Paul (de la compañía de guitarras Gibson). Al día de hoy, sus empresas siguen siendo los principales **fabricantes** en el mercado. Las guitarras eléctricas ya existían en la década del 30, pero lo que las hizo accesibles fue el auge económico posterior a la Segunda Guerra Mundial. ¡Una tormenta perfecta de tecnología y estilos musicales!

Algunas guitarras se fabricaban con cuerpos **huecos** y **pastillas** en el interior que convertían el sonido en una señal eléctrica. Las guitarras que tocaban Chuck Berry y Bill Haley eran de este tipo, semihuecas. Fender y Gibson empezaron a hacer también sistemas eléctricos sólidos, que son más parecidos a las guitarras que vemos hoy. No tenían un espacio acústico para el sonido: las pastillas tomaban las vibraciones de las **cuerdas** y las amplificaban. Los cuerpos huecos se convirtieron en un elemento básico del rockabilly y del rock progresivo, mientras que los cuerpos sólidos se ven en el pop, en el hard rock y en el metal.

Antes de la canción "Rocket 88", la guitarra eléctrica era generalmente un acompañamiento a las *big bands,* con un tono más "limpio". Desde que los músicos descubrieron que podían ponerles más texturas a sus tonos, la dirección del instrumento cambió. Las canciones como "Rock Around the Clock" marcaron el estándar para muchos futuros éxitos. El piano y el saxo podrían haber sido una parte clave del rock, pero, después de 1955, la guitarra fue la estrella.

En muchos casos, las bandas tienen dos guitarristas: uno para el ritmo y otro para los solos. El guitarrista rítmico, en general, toca los acordes y ayuda al bajo y a la batería, mientras que el guitarrista solista toca las melodías, los riffs y los solos. Chuck Berry y Bo Diddley eran solistas innovadores que tenían la habilidad de crear riffs y **estribillos** memorables, como en "Johnny B. Goode" o "I'm A Man". La interpretación melódica de Chuck Berry fue tan popular que muchas de sus canciones sonaban similares. ¡Encontró una fórmula y se quedó con ella!

En The Beatles, John y Paul eran los guitarristas rítmicos, mientras que George era el solista. En general, los solistas eran mejores guitarristas, porque los solos eran más difíciles de tocar. Usualmente, los guitarristas rítmicos buscaban marcar el compás de una manera más limpia y los guitarristas principales querían algo más **polvoriento**. La guitarra fue clave en el rock por tanto tiempo debido a que los músicos estaban rompiendo sus amplificadores o agregando pedales y efectos para mejorar el sonido principal.

Cada vez que un guitarrista encontraba un nuevo sonido, otros intentaban replicarlo. Eric Clapton y Jimi Hendrix fueron los primeros innovadores en el terreno de los pedales y efectos. De esa forma consiguieron su estilo característico. La tecnología les permitía distorsionar, duplicar, estirar y manipular sus sonidos de maneras muy creativas, como por ejemplo en "Voodoo Child".

Más adelante, los pedales fueron accesibles para más músicos. La guitarra se convirtió en un punto central del rock. Músicos de rock progresivo, como Richie Blackmore (Deep Purple) o Brian May (Queen), empezaron a mezclar la música clásica con la guitarra de rock para crear melodías más complejas, como "Bohemian Rhapsody". De todos modos, no todo el rock pesado apareció gracias a la tecnología: Tony Iommi (Black Sabbath) tuvo una **lesión** en la mano que lo llevó a afinar su guitarra más grave y este simple accidente le dio a su música una sensación más oscura y profunda, ejemplificada en canciones como "Paranoid" o "Iron Man".

Ya sea gracias a los accidentes o a la tecnología, los guitarristas se convirtieron en músicos virtuosos e innovadores. A medida que el rock se separaba en subgéneros, el estilo de cada grupo empezó a reflejarse en la importancia que tenía la guitarra. Las bandas pop y new wave incorporaron teclados y otros instrumentos; la guitarra era solo un instrumento más. Pero géneros como el punk, el funk, el rock pesado y el metal necesitaban mucha presencia de las guitarras. El punk y el funk usaban la guitarra para crear ritmo y ambiente, y el rock pesado la usaba para potentes solos y melodías.

Para cuando llegó la década de los años 80, ya había una generación entera que había sido criada con las guitarras eléctricas. Artistas increíbles como Prince o Eddie Van Halen demostraron que la guitarra seguía teniendo un lugar en el R&B y en el heavy metal; basta con escuchar "Purple Rain" o "Eruption". Esta vez, además, se vieron más mujeres guitarristas tomando el escenario, como Poison Ivy (The Cramps), Joan Jett y Nancy Wilson (Heart).

Cuando el grunge llegó a escena, guitarristas como Kurt Cobain evitaron deliberadamente los riffs complicados. Se centraron más en la distorsión y en el sonido pesado de la guitarra eléctrica, como en la icónica "Smells Like Teen Spirit". De todos modos, no todas las guitarras de la década de los 90 estaban distorsionadas. El ska, las bandas funk y las alternativas preferían un tono más **nítido**. En este punto de la historia, el género dependía básicamente del uso de la guitarra. Sin embargo, el dance y el hip hop, los géneros más populares, ponen el foco en el pulso y el ritmo, por lo que la guitarra no tiene mucho uso.

John Mayer es un gran ejemplo de un tono limpio de pop rock, mientras que Jack White encaja con las tonalidades más sucias. Todavía hay guitarristas virtuosos, como Tosin Abasi, pero no son tan populares como en la década de los 80. También hay más mujeres guitarristas, como St. Vincent, Carrie Brownstein y Orianthi, que componen solos increíbles, como el de "Surgeon".

A pesar de su declive, no hay dudas de que la guitarra es una parte clave en el rock. Algunas bandas modernas todavía usan el instrumento como acompañamiento principal y rítmico. Los solos ahora se conocen como *shreds* y los riffs siguen siendo importantes: junto con el gancho de la canción, es lo que la convierte en un éxito.

Muchos músicos siguen confiando en la guitarra para captar la atención. El único otro instrumento que tiene tanta presencia en el rock es la voz. ¡Los cantantes son incluso más esenciales que la guitarra cuando se trata de componer éxitos!

Vocabulario:

(los) fabricantes manufacturers
(los) huecos holes
(las) pastillas pickup
(las) cuerdas string
(los) estribillos chorus
polvoriento dusty
(la) lesión injury
nítido clear

¡Escuchemos!

"Johnny B. Goode" – Chuck Berry
"I'm A Man" – Bo Diddley
"Bohemian Rhapsody" – Queen
"Paranoid" – Black Sabbath
"Purple Rain" – Prince
"Eruption" – Van Halen
"Smells Like Teen Spirit" – Nirvana
"Surgeon" – St. Vincent

3.6 VOCES MUY VICIOSAS

- *El rock tiene lugar para todo tipo de voces. Prolijas, ásperas, potentes o suaves, ¡todas pueden rockanrolear!*
- *Las letras también son una parte fundamental del rock.*

La voz es, sin dudas, el instrumento más antiguo, ¡aunque es imposible precisar quién fue el primer cantante! La mayor parte de la música antigua se basa en himnos y en la naturaleza melismática de la voz humana. El melisma se produce cuando se cantan notas diferentes en una misma sílaba. El mejor ejemplo de esto es el éxito de 1995 "I Will Always Love You". Whitney Houston, al inicio de la canción, sostiene la "I" y sigue cantando.

Si bien el melisma generalmente se asocia con el gospel de las iglesias afroamericanas, los orígenes se remontan mucho más atrás. El libro islámico **sagrado**, el Corán, se canta de una forma melismática y los antiguos cantos gregorianos usaban el mismo efecto. Esto crea una vibración oscilante e hipnótica. Muchos padres usan el mismo recurso para dormir a sus niños. Esta puede ser una de las razones por las cuales el rock es tan atractivo: usa los trucos de la religión y de la crianza para **embelesar** al público.

Hoy en día, el melisma se asocia con las actuaciones en American Idol, en donde los cantantes intentan cantar como Mariah Carey o Christina Aguilera. Esto no es ninguna sorpresa, los participantes tratan de **sobresalir**. ¡Ser absurdo y cantar más melismáticamente que lo habitual ayuda a llamar la atención! Y esto vale también para los cantantes de rock. Ellos son diferentes a los de otros géneros, especialmente a aquellos que buscan la perfección, como en la ópera o la música clásica. El rock incentiva los gritos raros, los **balbuceos**, los **chillidos** y los **gruñidos**. En el rock and roll, se puede triunfar aun siendo un pésimo cantante (por lo menos en algunos subgéneros).

En la década del 50, artistas como Elvis y Little Richard no solo cantaban bien, sino que además le agregaban a su voz sonidos y emoción. A menudo esos sonidos eran abruptos y sin sentido, como en la canción "Tutti Frutti". Sin embargo, en los primeros días del rock, necesitabas una voz decente. Bob Dylan ayudó a cambiar eso con su estilo de canto, que se consideraba malo. Sam Cooke, que tenía una voz impresionante, reconoció que Dylan lograba que lo que decía fuera más importante que cómo lo decía.

En este sentido, el rock realmente se diversificó. Excepto por un **puñado** de artistas negros de R&B, la mayor parte de los músicos de rock eran hombres blancos. Ellos dominaban la producción y los instrumentos. Sin embargo, cuando se trataba de la voz, las mujeres tenían más lugar. Las rockeras más famosas son las que fueron conocidas por su voz, como Grace Slick, Janis Joplin y Tina Turner. Esta tradición continuó con estrellas como Pat Benatar, Debbie Harry, Stevie Nicks y Kate Bush.

Aunque las mujeres tenían mayor representación, los hombres seguían dominando la escena del rock, incluso sin tener grandes voces. La voz de Joe Cocker era conmovedora, pero **rasposa**. Roger Daltrey tiene una voz y una presencia escénica abrumadoras. Si un artista tenía la suficiente presencia escénica o daba el mensaje correcto, a la audiencia no le importaba nada más. Para la década de los 80,, con el crecimiento del punk y del metal, algunos artistas ya ni siquiera cantaban. Músicos como Johnny Rotten (Sex Pistols) y James Hetfield (Metallica) simplemente expresaban su ira arriba de los rápidos y ruidosos riffs de la guitarra.

Como siempre, la tecnología fue muy importante. Mientras que en un escenario los músicos solo contaban con su voz y su energía, en un estudio podían manipular la voz. John Lennon era muy **quisquilloso** y estaba **acomplejado** con su voz, por lo que en el estudio usaba un proceso llamado *double-tracking* que ayuda a mejorar el sonido. Este proceso se trata simplemente de grabar varias voces juntas y mezclar el resultado en la canción, lo que refuerza la voz y hace que se destaque más.

Así como los guitarristas usaban pedales para modificar el sonido de su instrumento, algunos cantantes hacían lo mismo con sus voces. Peter Frampton usaba una *talk box* para pasar la señal de la guitarra a través de su boca y luego hacia el micrófono en la canción "Do You Feel Like We Do". En esta misma época se introdujo el vocoder (codificador de voz) para hacer que la voz suene más robótica, como en la canción "Mr. Roboto" de Styx. Ya sea que se usara la tecnología o no, lo importante era hacer que la voz se destacara.

En la actualidad, el Auto-Tune –junto con el Melodyne– se ha convertido en el principal *software* para mezclar voces. Más allá del nombre, el objetivo de esta tecnología es corregir las imperfecciones vocales. Al principio, muchos fans del rock eran **reacios** a estos *softwares*, pero ahora están prácticamente en todas partes. Es muy tentador acceder digitalmente a la canción y corregir los errores. Por supuesto, muchos creen que, si se manipula mucho la pista vocal, se pierde el factor humano y, con él, la emoción.

No se trata únicamente de cómo suena la voz; en muchos casos, las palabras son igual de importantes. Los **letristas** muchas veces son pasados por alto y no tienen la misma popularidad que sus colegas que tocan arriba de un escenario. Elton John es principalmente un pianista y cantante; sus letras las escribe Bernie Taupin. Robert Hunter fue el letrista de The Grateful Dead y es el responsable de los éxitos "Ripple", "Truckin" y "Terrapin Station".

En algunos casos, los letristas trabajaban en fábricas de canciones como Brill Building, que inició muchas carreras musicales, como las de Burt Bacharach, Carole King, Gerry Goffin, Neil Diamond y Jerry Leiber y Mike Stoller. Ellos fueron responsables de muchos éxitos de finales de la década de los 50 y principios de los sesenta.

A menudo, muchos oyentes ni siquiera prestan atención a lo que dice la canción. Es tan común confundir las letras que existe el término "pomporruta" para cuando los oyentes escuchan una palabra diferente a la que efectivamente se canta. La versión de "Blinded By the Light" de Bruce Springsteen y Manfred Mann es una de las canciones más malinterpretadas de la historia del rock: donde dice *"revved up like a deuce / another runner in the night"*, muchos han escuchado *"wrapped up like a douche / when you're rollin' in the night"*.

Por lo tanto, las voces importan, ¡pero tampoco tanto! El rock es solo un tira y afloja entre la tensión y la descarga. A veces aparece una canción lenta con una hermosa voz y podemos entender toda la letra. Otras veces es una canción estridente, con gritos y chillidos inteligibles. Todo depende del género y del humor del artista. El rock está siempre tratando de presionar los límites y probar cosas nuevas y, eventualmente, todos los instrumentos se convierten en una herramienta para eso, incluida la voz.

Vocabulario:

sagrado sacred
embelesar to enchant
sobresalir to excel
(los) balbuceos babble
(los) chillidos shriek
(los) gruñidos grunt
(el) puñado handful
rasposa raspy
quisquilloso picky
acomplejado self-conscious
reacios reluctant
(los) letristas lyricist

¡Escuchemos!

"I Will Always Love You" – Whitney Houston
"We Belong Together" – Mariah Carey
"Beautiful" – Christina Aguilera
"Sketches of China" – Grace Slick
"Piece of My Heart" – Janis Joplin
"Proud Mary" – Tina Turner
"Heartbreaker" – Pat Benatar
"Rush, Rush" – Debbie Harry
"Running Up That Hill" – Kate Bush
"Giving It All Away" – Roger Daltrey
"Do You Feel Like We Do" – Peter Frampton
"Mr. Roboto" – Styx
"Ripple – Grateful Dead
"Truckin'" – Grateful Dead
"Terrapin Station Medley" – Grateful Dead
"Blinded By The Light" – Bruce Springsteen
"Blinded By The Light" - Manfred Mann's Earth Band

3.7 INSTRUMENTOS ORQUESTALES

> • *Después de una primera etapa más minimalista, hacia fines de los sesenta el rock empezó a incorporar bandas sinfónicas e instrumentos orquestales.*

Cuando empezó el rock and roll, a menudo se reducía a una banda de cuatro o cinco miembros. La batería, el bajo y la guitarra rítmica mantenían el contratiempo, mientras que la guitarra solista y/o el bajo tocaban los solos rápidos. El garage rock siempre fue de esta manera y lo sigue siendo. Sin embargo, el pop y el rock progresivo empezaron a incorporar elementos más sinfónicos a su música.

Los primeros discos eran generalmente de orquestas sinfónicas o clásicas. Incluso las primeras *big bands* de jazz o swing tenían el tamaño de una orquesta, porque necesitaban de toda esa gente para ser escuchados. Antes de la llegada de los amplificadores, se necesitaba más gente para crear un sonido completo. Eso cambió cuando se pudo subir el volumen de cada instrumento.

Las bandas sinfónicas siguieron siendo populares durante la época del rock, pero por lo general no se mezclaban. El primer gran intento de rock orquestal fue el disco de The

Beatles *Sgt. Pepper's Lonely Hearts Club Band*. La última canción del disco, "A Day in the Life", tiene una orquesta de cuarenta miembros en varias partes de la pieza.

The Beatles habían aprendido una nueva técnica de sonido de Phill Spector y The Wrecking Crew. Ellos superponían diferentes instrumentos en una misma pista, en vez de grabar cada uno por separado. Esto fue llamado "muro de sonido" y pronto muchos músicos empezaron a seguir esta técnica. El rock progresivo estaba inspirado en la música clásica y sinfónica, por lo que les resultó sencillo adoptar el método de superposición de **capas.**

Sin embargo, The Beatles apenas probó la música orquestal. Bandas de rock progresivo como The Moody Blues, Yes, Electric Light Orchestra y Supertramp dieron un paso más allá. En algunos casos, bandas como Emerson, Lake & Palmer tocaban música clásica de una forma más rockera. Ya para la década de los 70,, el rock orquestal no era una novedad y había sido incorporado a muchas actuaciones y discos. A menudo la pieza sinfónica tenía una naturaleza épica, como la canción de Led Zeppelin "Kashmir".

Incluso algunos instrumentos que no eran parte de la orquesta fueron agregados a los discos de rock en las décadas de los 60 y los 70. The Beatles usó un sitar indio en éxitos como "Norwegian Wood" o "Rain". La flauta llegó al rock de la mano de Peter Gabriel (Genesis) e Ian Anderson (Jethro Tull). David Bowie usaba un **flautín** junto al saxo en "Moonage Daydream", ¡y esa sí que es una canción rockera!

Con el tiempo, el rock se convirtió en parte del **tejido social**. Se formaron **conjuntos** como la Trans-Siberian Orchestra, que hacía versiones sinfónicas de canciones de rock. Además, el rock sinfónico se volvió algo común para las bandas que tocaban en grandes escenarios. Cuando cayó el Muro de Berlín, Pink Floyd tocó en vivo su disco *The Wall* con una orquesta de cuarenta miembros. Este era un momento crucial en la historia y su objetivo era hacer un espectáculo colosal.

El heavy metal también está repleto de instrumentos y modos de interpretación sinfónicos, lo que es de esperar considerando la gran influencia del rock clásico. Muchas veces, los arpegios de guitarra del heavy metal son simplemente riffs de música clásica. Metallica escribió su disco "S&M" con la ayuda de la Sinfónica de San Francisco. Aerosmith también usó orquestas en algunas de sus canciones, como "Dream On". En definitiva, estos dos géneros combinan muy bien.

La música pop también continuó con la tradición, en éxitos como "Bittersweet Symphony" de The Verve y "It's Oh So Quiet" de Bjork. Arcade Fire incorporó estos elementos en tantas de sus canciones que se los conoce como pop barroco, un **guiño** a la época barroca de la música clásica. Además, gracias a la tecnología, es más fácil para las bandas modernas usar más instrumentos.

Antes del siglo XXI, para tener un arreglo orquestal en la canción había que reclutar a muchos instrumentistas. Ya sea para agregar vientos de metal en una banda de ska o para una sinfonía, era necesario tener músicos cubriendo cada una de las partes. Ahora, con los *softwares* de instrumentos y pistas múltiples, las bandas ya no necesitan a tantas personas. Si saben cómo componer, pueden crear la parte del instrumento que necesiten directamente en sus ordenadores.

Se ha debatido mucho tiempo si esto ha sido un paso positivo o no para la música, pero el debate no ha detenido lo inevitable. Si bien dejan sin trabajo a algunos músicos, estos *softwares* permiten a un compositor tener todo el control sobre la canción. Imagínense si The Beatles hubieran tenido la tecnología que está disponible hoy en día; las posibilidades sonoras habrían sido increíbles. Como siempre, la tecnología es una de las fuerzas que impulsan al rock.

Vocabulario

(las) capas layers
(el) flautín piccolo
(el) tejido social fabric
(los) conjuntos group
(el) guiño wink

¡Escuchemos!

"A Day In The Life" – The Beatles
"Had To Fall In Love" – The Moody Blues
"Give A Little Bit" – Supertramp
"Kashmir" – Led Zeppelin
"Norwegian Wood" – The Beatles
"Rain" – The Beatles
"Moonage Daydream" – David Bowie
"Another Brick In The Wall" – Pink Floyd
"Master Of Puppets" – Metallica
"Dream On" – Aerosmith
"Bitter Sweet Symphony" – The Verve
"It's Oh So Quiet" – Björk

3.8 SINTETIZADORES Y TECNOLOGÍA EN CONSTANTE CAMBIO

> - *El sintetizador y la batería eléctrica han tenido una gran influencia en el rock y también en otros géneros, como el hip hop y la electrónica.*

Todos los géneros del rock fueron creados para obtener un nuevo sonido. Como hemos visto, hay una cantidad limitada de ritmos de batería, líneas de bajo y progresiones de acordes. Muchas de las canciones de rock son versiones de viejos éxitos; las melodías y las armonías son finitas. Por lo tanto, cada artista debe manipular la canción de una manera original, para crear texturas y sonidos nuevos.

Mientras los rockeros distorsionaban sus guitarras con pedales, los ingenieros creaban nuevos instrumentos electrónicos. Uno de los primeros fue el theremin, que suena mediante dos antenas que emiten señales eléctricas. Esas señales son afectadas por la posición de las manos, por lo que el músico nunca lo toca; su sonido es parecido a la voz humana, o a veces a los **instrumentos de cuerda frotada** como el violín o el violonchelo. Podemos escuchar un theremin en la canción "Good Vibrations", de The Beach Boys. Tanto los músicos como los ingenieros estaban obsesionados con hacer aparatos electrónicos que sonaran como instrumentos reales. Por fin, a finales de la década del 50 y principios de los sesenta, aparecieron los sintetizadores.

Robert Moog, un ingeniero estadounidense, empezó su carrera construyendo theremins, pero luego creó su propio sintetizador, conocido como el Minimoog, un sintetizador semi-modular más barato y más fácil de usar . Al principio, sus sintetizadores solo se usaban para trabajos experimentales y para producir extraños sonidos **alienígenas**. Mickey Dolenz (The Monkees) fue uno de los primeros en tener uno de estos sintetizadores. Se lo mostró a The Beatles, que ya habían usado una variedad de teclados e instrumentos de **cinta magnética** en canciones como "Strawberry Fields Forever".

La diferencia entre un teclado y un sintetizador es el sonido final. Un teclado u órgano eléctrico intenta emular esos instrumentos, mientras que el sintetizador tiene su propio sonido único. El Minimoog fue un éxito entre los músicos de funk y de música dance porque tenía bajos profundos. Esta fue una de las razones por las que el sintetizador empezó a ganar popularidad: era un modo completamente nuevo de crear melodías y líneas de bajo. Eran sonidos más profundos, más lascivos y más pesados.

Los artistas no solo podían crear nuevos sonidos, sino que también podían programar las notas para que sonaran más rápido. The Who usó un sintetizador ARP 2600 en la canción "Won't Get Fooled Again". Los arpegios iniciales de la canción están programados en el ARP 2600, lo que le da un sonido futurista y progresivo. Además de The Who, muchas bandas usaron las máquinas de música electrónica para crear sonidos y arpegios extraños, que a menudo solo aparecían en una canción.

Los primeros sintetizadores eran muy pesados, por lo que no era sencillo llevarlos de gira. Sin embargo, a medida que mejoraba la tecnología de transistores, se volvieron más compactos. Eso les permitió a las bandas usarlos fuera de un estudio de grabación. Korg, Roland y Sequential Circuits se formaron para construir estos nuevos instrumentos electrónicos. Bandas de funk como Parliament Funkadelic o Cameo empezaron a usar sintetizadores en vivo, y rápidamente los productores vieron su potencial. Como los sintetizadores podían replicar sonidos, era posible crear baterías eléctricas. Era difícil hacer que el pulso electrónico tuviera swing, pero no importaba, ya que la música disco tenía un tempo constante.

La mayoría de las bandas vieron en el sintetizador una nueva herramienta y una manera de crear sonidos nuevos, pero algunas no estaban de acuerdo con el cambio. Los grupos punk creían que le **sacaban** la emoción al rock. Una manera de distinguir una banda punk de una new wave es ver si tienen algún instrumento electrónico o no. The Talking Heads, Devo y The Human League comenzaron como bandas de rock más duro, pero después incorporaron sintetizadores.

El sintetizador no solo empezó a invadir todos los géneros, sino que ayudó a crear estilos nuevos. En Alemania, la banda Kraftwerk no tocaba ningún instrumento tradicional del rock o el pop: su set estaba hecho completamente de baterías electrónicas y secuenciadores. Esto inspiró a muchos de los artistas de la década de los 80,, como Gary Numan, The Culture Club, Duran Duran y Depeche Mode, a basar su música en algo más que la guitarra o el piano. Este techno-pop bailable derivó en géneros como el house y el trance, que se tocaban en *raves*. Las *raves* eran fiestas que duraban toda la noche, en las que la gente tomaba drogas como el éxtasis o la ketamina.

Los grupos de rock siguieron usando sintetizadores, como el Yamaha CS-80, responsable de los sonidos de orquesta en la canción "Africa" de Toto. Uno de los sintetizadores digitales más famosos de la década de los 80 fue el DX-7; se usó en éxitos como "Borderline" (Madonna) y "Take My Breath Away" (Berlin). Ya a finales de la década de los 90, el sintetizador y las baterías electrónicas estaban muy extendidos. El tema principal de *Seinfeld* puede sonar como un bajo, ¡pero es un sintetizador Korg M1!

En la década de los 90, los sintetizadores eran utilizados principalmente como *samplers* para músicos de hip hop y dance. Grupos como Beastie Boys o Moby grababan partes de viejos discos de vinilo y usaban esos sonidos para una nueva canción. A veces agregaban un loop de batería, como "Funky Drummer", y otras veces una línea de bajo motown, como las de Jackson 5. Por lo general, preferían dividir los *samples* tanto como fuera posible. En la canción "Ice Ice Baby", Vanilla Ice dividió todas las partes de "Under Pressure" y rapeó una letra nueva encima.

En la década del 2010, los viejos sintetizadores analógicos **resurgieron**, gracias al carácter nostálgico del rock que mencionamos antes. No solo se vendieron modelos antiguos a precios increíbles, sino que los fabricantes **lanzaron** nuevas versiones de modelos viejos. Esta es una de las razones por las cuales el rock centrado en la guitarra no es tan popular: la guitarra fue importante porque era barata y fácil de tocar. Cuando llegaron los sintetizadores, estos eran incluso más fáciles de tocar; en muchos casos, la computadora podía hacer los acordes, las melodías o las armonías por sí sola. No se requiere mucho tiempo de práctica para empezar a componer con un sintetizador.

Este es el factor principal, el que ha impulsado tanto al rock como a todos los géneros posteriores. Cuando las masas pueden acceder a diferentes instrumentos y **dispositivos**, aparecen nuevas ideas. El cambio más importante en la tecnología ha sido el método de grabación. En la década del 50, se necesitaban equipos gigantes y mucho dinero para tener un estudio. Ahora, con unos pocos dólares es posible usar un ordenador personal para grabar canciones casi ilimitadamente. La capacidad de grabarnos y masterizarnos a nosotros mismos ha creado un mundo donde cualquiera puede sacar su propia canción de rock.

(los) instrumentos de cuerda frotada rubbed string instruments
alienígenas alien
(la) cinta magnética magnetic tape
sacaban (sacar) took out
resurgieron (resurgir) re-emerged
lanzaron (lanzar) launch
(los) dispositivos devices

¡Escuchemos!

"Good Vibrations" – The Beach Boys
"Daydream Believer" – The Monkees
"Strawberry Fields Forever" – The Beatles
"Won't Get Fooled Again" – The Who
"Give Up That Funk" – Parliament
"Candy" – Cameo
"Psycho Killer" – Talking Heads
"Don't You Want Me" – The Human League
"Cars" – Gary Numan
"Do You Really Want To Hurt Me" – Culture Club
"Hungry Like The Wolf" – Duran Duran
"Just Can't Get Enough" – Depeche Mode
"Africa" – TOTO
"Borderline" – Madonna
"Take My Breath Away" – Berlin

3.9 MEZCLA Y MASTERIZACIÓN

> * *El equipo que se usa para grabar también puede ser una* **herramienta** *creativa.*

Las **mesas de mezcla de audio** son dispositivos que permiten conectar varios instrumentos a una máquina de grabación. Después de grabar las partes, pueden ajustar el volumen y la frecuencia con distintos **potenciómetros**.

Desde que se crearon las **grabadoras**, los productores y los músicos experimentaron con nuevas formas de manipular la canción. El monitor de mezcla y la cinta magnética se convirtieron en instrumentos. Cuando Sam Phillips grabó a Elvis por primera vez, conectó dos **magnetófonos de bobina abierta** para grabar su voz, lo que provocó un *slapback delay* y una reverberación que mejoraron mucho el sonido final. Era un eco muy sutil en la voz de Elvis, que llenó la canción y le dio profundidad.

Los artistas de reggae también creaban sonidos usando los magnetófonos. Mezclaban melodías con mucho *delay* ("*dub*") y les agregaban letras nuevas encima. Estas mezclas fueron una de las tempranas influencias del hip hop. Fue, esencialmente, el nacimiento del *sampleo*.

Antes de la era digital, solo se podía grabar un puñado de **pistas** a la vez. ¡Los primeros magnetófonos multipista tenían cuatro pistas! Para cuando Queen grabó "Bohemian Rhapsody", ya tenían 24 pistas, pero ni siquiera eso era suficiente, por lo que tuvieron que encontrar la manera de agregar más. Con la llegada de la tecnología digital, los artistas **dispusieron** de hasta 100 pistas diferentes. La información digital ocupa menos espacio y las grabaciones pueden condensarse fácilmente.

Para la época de "The Beatles Anthology", en la década de los 90, toda la tecnología se había vuelto digital. Los ingenieros de sonido tuvieron que buscar y reparar los equipos antiguos para remasterizar la música adecuadamente. Se requería la tecnología original con la que había sido grabada; así de importante puede ser el equipo de grabación. Si el artista espera demasiado, la tecnología cambiará y el material se volverá obsoleto.

La historia del rock finalmente se fusionó con la de los ordenadores personales. La responsable de esto fue la tecnología MIDI (*Music Instrument Digital Interface*). Los músicos podían usar ese sistema para conectar sus instrumentos con sus ordenadores: el MIDI era una forma de convertir notas musicales en datos informáticos. Sin embargo, al principio no era muy sutil. Solo podía decir si la nota había sido tocada o no. Ahora, el MIDI moderno puede proveer más datos, como la fuerza con la que se tocan las notas, o cuánto duran. Esto da a la música creada por ordenador una sensación más humana. Las primeras canciones creadas con ordenadores, en general eran secuencias de arpegios que se usaban en las bandas sonoras de los videojuegos.

La masterización es la etapa final de una canción. Ocurre cuando la canción ya ha sido grabada y mezclada; se ocupa básicamente de la nitidez y el volumen. Esto se había hecho siempre en un estudio, con máquinas analógicas. Cuando **se involucraron** los computadores, se hizo más sencillo masterizar y comprimir los datos. Al comprimir mucho una mezcla, es posible llevar el volumen a límites increíbles. Si crees que la música moderna **suena más fuerte**, ¡estás en lo cierto! Esto se conoce como "guerra del volumen" y es una de las razones por las cuales **han regresado** los discos de vinilo. A algunos audiófilos no les gusta la compresión extrema, prefieren el sonido parejo de lo analógico.

Hoy en día, todas las mezclas, las grabaciones y las masterizaciones se hacen digitalmente en un ordenador, lo que permite arreglos y remixes rápidos. La grabación no se realiza en un magnetófono sino en un software llamado Digital Audio Workstation (DAW). El DAW original y el más popular es Pro Tools, pero ahora Logic Pro y Ableton son grandes competidores. Billie Eilish usa Logic Pro, ¡que incluso permite la descarga de las pistas de su canción "Ocean Eyes"! Ella grabó esa canción y la mayor parte de su disco en su habitación, usando un computador Mac.

Incluso los músicos nostálgicos, que invierten en equipos antiguos, confían en los ordenadores para mezclar, masterizar y distribuir sus canciones. Por cierto, ese es uno de los mayores problemas para los artistas modernos: la distribución. Las compañías discográficas han sido reemplazadas por sitios de *streaming*, como Spotify y Tidal. Pareciera que estos sitios son accesibles para todo el mundo, pero la mayoría de los artistas no ganan dinero real allí. ¡Algunos artistas ganan 0,0033 centavos por reproducción!

La accesibilidad del rock y de otros géneros está en su punto más alto. Hoy en día, muchas personas pueden comprar sus equipos y hacer sus propias canciones. Sin embargo, la mayoría no puede sacar ningún beneficio de esas canciones. Básicamente, los que ganan dinero con la música son los artistas ya consagrados; no suelen encontrarse nuevas actuaciones. Es difícil decir cómo afectará esto al rock a largo plazo.

No tenemos idea de si el rock está en su etapa final o si otro gran cambio tecnológico lo traerá de vuelta. Los géneros del rock se han mezclado tanto que es difícil hoy en día determinar estilos específicos. El árbol del rock está dentro de un **bosque** frondoso, rodeado de muchos otros árboles entrelazados.

Vocabulario:

(la) herramienta tool
(las) mesas de mezcla de audio mixing board
(las) perillas knobs
(las) grabadoras recorders
(los) magnetófonos de bobina abierta reel-to-reel tape machines
sampleo (samplear) sampling

(las) pistas tracks
dispusieron (disponer) dispose of
se involucraron (involucrarse) get involved
suena más fuerte (sonar más fuerte) sounds louder
han regresado (regresar) have returned
(el) bosque forest

¡Escuchemos!

"Ocean Eyes" – Billie Ellish

4. ROCKEROS INFLUYENTES

Una vez que una persona aprende a escuchar música de manera crítica, descubre que no todo es tan complicado como parecía. Incluso si alguno de los conceptos presentados en este libro no fue entendido por completo, a esta altura ya puedes reconocer patrones básicos de ritmo y tono. A medida que exploramos más el rock, se evidencia que las influencias vienen de muchos lugares distintos.

Cuando pensamos en músicos de rock famosos, los primeros que vienen a nuestra mente son Elvis o The Beatles. Obviamente, la fama de estas estrellas promovió sus estilos. Sin embargo, ser un rockero influyente es algo más que tener fama. Muchos de los artistas y músicos más innovadores ni siquiera son conocidos, en algunos casos por **mala suerte** y en otros porque sus ideas y canciones fueron robadas.

En el 2014, la banda Taurus **demandó** a Led Zeppelin por robar su canción "Spirit" y convertirla en la exitosa "Stairway to Heaven". Efectivamente, los arpegios iniciales de ambas canciones son muy parecidos. ¿Jimmy Page usó ese riff sin saberlo o son arpegios muy comunes? Finalmente, el jurado falló a favor de Led Zeppelin, pero eso no resolvió la clásica discusión por los derechos de autor.

George Harrison perdió una demanda por "My Sweet Lord", que sonaba como "He's So Fine", de The Chiffons. Más tarde admitió que posiblemente había usado inconscientemente la canción para componer y voluntariamente pagó **regalías** a The Chiffons. Este es un asunto muy delicado, porque la música usa los mismos patrones una y otra vez. Cada artista se inspira en otros y esa inspiración a veces se convierte en copia. Que esa copia sea vista como un robo o como un **halago**, depende de las circunstancias.

En términos legales, los ritmos de batería, las líneas de bajo y las progresiones de acordes no pueden tener derechos de autor. La parte de la canción que no se puede "usar" es la melodía. Pero como solo hay 12 notas, ¡esas melodías pueden volverse similares rápidamente! Muchas veces los músicos usan melodías de otras canciones sin darse cuenta.

Bien mirado, la innovación tiene más que ver con el **azar** que con la inspiración. Como hemos visto, incluso los avances tecnológicos se han debido a accidentes felices. Algunas estrellas de rock solo se volvieron conocidas e influyentes porque rompieron su amplificador camino al concierto. Los músicos y los ingenieros no suelen planear cambiar los géneros o crear nuevas tendencias. ¡Simplemente crean a los **tropezones** hasta que dan con algo que tiene éxito!

Es imposible abarcar a todos los rockeros y a todas las personas influyentes en el rock. Sin embargo, terminaremos nuestro viaje con algunos de los productores, ingenieros y músicos más famosos (y no tanto) que hicieron posible el rock and roll.

Vocabulario:

(la) mala suerte bad luck
demandó (demandar) to sue
(las) regalías royalties
(el) halago compliment
(el) azar chance
(los) tropezones stumble

¡Escuchemos!

"Stairway to Heaven" – Led Zeppelin
"My Sweet Lord" – George Harrison
"He's So Fine" – The Chiffons

4.1 PRIMER
ROCK AND ROLL

- *Memphis, Nueva Orleans y Filadelfia fueron fundamentales durante los inicios del rock and roll.*

- *En sus inicios, el rock surgió en combinación con otros géneros y estilos, de los que tomó muchos de sus elementos más importantes.*

MEMPHIS

Estar en el lugar y el momento correcto es uno de los factores más importantes. No es coincidencia que el rock and roll apareciera después del histórico **fallo** de la Corte Suprema en el caso Brown contra el Consejo de Educación. Este fallo judicial terminó con la segregación de la educación en Estados Unidos. De manera indirecta, también abrió las puertas para que ingresaran otras etnias al mercado. El cambio en la legislación permitió que más sellos discográficos estuvieran dispuestos a correr riesgos.

Sam Phillips era originalmente un DJ de una radio en Alabama que pinchaba música sin etiquetas raciales. En aquella época, trabajar en una radio implicaba tener acceso a equipos de grabación. Las canciones podían grabarse allí y ponerse inmediatamente en la radio, para ver si **valía la pena** producirlas en masa. Sam Phillips grababa a artistas que tocaban R&B y swing estilo boogie woogie, hasta que después se mudó a Memphis y abrió Sun Records. Fue allí donde grabó, en 1951, "Rocket 88" de Ike Turner.

A partir del fin de la segregación, Sam Phillips buscó deliberadamente a chicos sureños blancos y **guapos** para ayudar a vender música rock. Bill Haley & His Comets pueden haber sido el primer éxito de rock, pero su sonido era demasiado limpio. Phillips y Sun Records querían artistas que capturaran la melancolía y la naturaleza rebelde de la música. Tuvo mucho más éxito al producir a "**chicos malos**", como Elvis, Johnny Cash, Jerry Lee Lewis, Carl Perkins y Roy Orbison.

Sun Records siguió produciendo a artistas negros, como Howlin' Wolf y B. B. King. Sin embargo, su mayor influencia en el rock fue encontrar a los artistas adecuados para vender esta nueva música a una audiencia blanca. Además, en 1955, Sam Phillips creó la primera emisora de radio exclusivamente femenina. Si bien pasaba música más "ligera" que el rock, fue una muestra de cómo el productor siempre estaba buscando romper las barreras sociales. Probablemente nunca se sepa si lo hizo por dinero o por un propósito más noble. Lo seguro es que fue una de las mayores influencias para que el R&B se convirtiera en el tipo de rock and roll más popular.

NUEVA ORLEANS

Las ciudades del Medio Oeste, a lo largo del río Mississippi, eran los focos del jazz, del jump blues y del rock. Nueva

Orleans era muy importante, porque allí se mezclaban el jazz estadounidense con los estilos afrocubanos del Caribe. Uno de sus pianistas más destacados fue el profesor Longhair, que mezclaba rumba, calipso y mambo con R&B. Su piano es uno de los primeros ejemplos de funk y soul.

Su estilo estuvo influído por el hecho de que a su primer piano le faltaban **teclas**. Un equipo roto puede afectar mucho a un músico. El profesor Longhair inspiró los estilos de Fats Domino y Allen Toussaint (que escribió las canciones "Mother-In-Law" y "Working in a Coal Mine"). Toussaint no solo escribía éxitos de doo wop, soul y R&B, sino que más tarde produjo la canción "Lady Marmalade".

Little Richard fue otro de los artistas influyentes que encontró el sonido de su piano en Nueva Orleans. Irónicamente, su primera inspiración fue el éxito de Ike Turner "Rocket 88". Little Richard también tomó de otro artista extravagante, llamado Esquerita, el tono y la forma de su gran cabello. Si vemos cualquier foto de Little Richard, será obvio de dónde viene su *look*. Este es un aspecto importante de los rockeros influyentes: ¡incluso aquellos que cambiaron el género sacaron sus mejores ideas de otros músicos!

Los artistas de inspiración afrocubana se fueron moviendo hacia ritmos más latinos, mientras que otros se introdujeron en la música country. Jerry Lee Lewis nació en Louisiana, pero hizo la mayoría de sus grabaciones en Memphis. Su estilo muestra que creció justo en medio de estas dos influencias. Las ciudades a lo largo del Mississippi, junto con St. Louis y Kansas, fueron los principales focos de desarrollo del R&B y el rock. Pronto no hubo una sola ciudad que **se destacara** en importancia. Gracias a la radio, la rocola y la venta de discos, cada ciudad desarrolló su propio ícono.

FILADELFIA LOS AÚNA

Buddy Holly introdujo el western swing y el contratiempo rítmico de Lubbock (Texas). Chuck Berry presentó su blues al estilo Chicago y demostró al mundo que la guitarra era el instrumento de rock por excelencia. Y Bobby Darin llegó de Nueva York para marcar el comienzo del rock y, luego, de la música lounge. Independientemente del género o de la **procedencia** del artista, hubo una ciudad que se volvió esencial: Filadelfia.

Dick Clark empezó el programa *American Bandstand* en Filadelfia en 1952. Para finales de la década de los 50, había creado muchas carreras musicales. Dick Clark no era músico ni productor, pero su influencia en el rock (y en otros géneros) es mayor a la de muchos artistas. Su programa de televisión se veía en todos los hogares estadounidenses. Una aparición allí podía brindar fama instantánea. *American Bandstand* solía pasar cualquier éxito popular del Top 40, por lo que tenía bastante variedad.

En el programa se podían presentar personalidades del rockabilly, como Gene Vincent y su obsceno "Be-Bop-A-Lula", y también una banda limpia como Danny &

The Juniors, con su canción "At the Hop". El contraste de música en *American Bandstand* ayudó a reafirmar la idea de que el rock y el pop no eran una sola cosa. Era posible ver una amplia **gama** de insinuaciones, danzas e, incluso, mensajes sociales.

Si bien *American Bandstand* **duró** hasta la década de los 70, al final fue reemplazado por otros programas que tenían actuaciones musicales. Sin embargo, ya había dejado su huella. Demostró que el rock era un movimiento orientado a los jóvenes y que tenía que ver con el estrellato y las tendencias. Los bailes novedosos y de moda no eran nuevos en los Estados Unidos, pero la aparición de Chubby Checker en el programa de Dick Clark cantando "The Twist" se extendió por todo el país. Fue tan popular que Chubby Checker escribió un segundo éxito, llamado "Let's Twist Again".

Vocabulario:

(el) fallo ruling
valía la pena (valer la pena) was worthwhile
guapos handsome
(los) chicos malos bad guys
(las) teclas keys
se destacara (destacarse) stood up
(la) procedencia provenance
(la) gama range
duró (durar) lasted

¡Escuchemos!

"Smokestack Lightnin'" – Howlin' Wolf
"Three O'Clock Blues" – B.B. King
"Mother-In-Law" – Ernie K-Doe
"Working In The Coal Mine" – Lee Dorsey
"Lady Marmelade" – LaBelle
"Be Bop A Lula" – Gene Vincent
"At The Hop" – Danny & The Juniors

4.2 MOTOWN E INFLUENCIAS DEL SOUL

> - *El R&B aportó artistas y técnicas muy valiosas para el rock and roll.*
>
> - *La ciudad de Detroit aportó un estilo rudo e industrial, y el sur tomó elementos del gospel y del soul.*

DETROIT Y EL COMIENZO DEL MOTOWN

El show de Ed Sullivan, otro programa de variedades, comenzó unos años antes que *American Bandstand*. Presentó a muchas bandas y artistas famosos, como Elvis y The Beatles. Ed Sullivan también fue conocido por invitar a su programa a muchos artistas negros. Frankie Lymon, James Brown, The Four Tops y Stevie Wonder fueron solo algunos de los muchos artistas negros que tuvieron éxito en su programa.

El rock and roll no solo estaba cruzando las barreras raciales, sino que también **se estaba difundiendo** entre la clase media blanca. Los artistas más pulidos, como Buddy Holly y Elvis, tuvieron mucho éxito, y eso impulsó al rock a un estilo más country. Sin embargo, no todo iba hacia una estética cuidada y apta para todos los públicos. En la ciudad de Detroit (Michigan) había autores y productores con un espíritu más rudo y rebelde, más propio de la ciudad industrial donde vivían. Esto fue lo que convirtió a Detroit en el lugar de nacimiento del motown.

Jackie Wilson nació en Michigan. Pasó sus primeros años cantando en bandas de R&B y soul antes de tener éxito con su primer sencillo, "Reet Petite". Ese clásico fue escrito por Berry Gordy, un productor discográfico amigo de Jackie. Él también fue el autor de "Lonely Teardrops", "Shop Around" y de la mayoría de los éxitos de Jackson 5, como "ABC" y "I Want You Back". Berry Gordy **contrató** a muchos de los músicos y grupos afroamericanos de finales de la década de los 50 y principios de los sesenta.

Cuando fundó su estudio, lo llamó Hitsville U.S.A. El nombre era apropiado, ya que produjo 110 éxitos del Top 10 entre 1961 y 1971. Las actuaciones femeninas de motown también tuvieron mucho éxito, algunos ejemplos son The Supremes, Gladys Knight y Martha and The Vandellas, por nombrar solo algunas. A pesar de ser un **sello** mayoritariamente negro, el motown era muy popular entre la audiencia blanca. Smokey Robinson notó en una **gira** que, a medida que la música crecía en popularidad, el público se mezclaba cada vez más.

EL SUR TODAVÍA TIENE SOUL

Si bien el rock and roll se estaba expandiendo a nuevas regiones, el sur de Estados Unidos todavía tenía a algunos de los artistas de soul más influyentes. El motown es una **rama** del soul conocida por sus conexiones con Detroit, pero el R&B tranquilo, centrado en las armonías vocales, todavía estaba presente en las iglesias gospel de los estados del sur. Para algunos, el rock se estaba volviendo demasiado comercial; sentían que el R&B tenía que volver a sus raíces. Como ya dijimos, ¡el rock es nostálgico!

Ray Charles no solo fue muy influyente en el rock, sino que su estilo vocal ayudó a definir el soul. Muchos de los primeros cantantes de motown y soul tenían antecedentes en el gospel. Sam Cooke cantaba con The Soul Stirrers antes de sacar éxitos como "You Send Me" y "Cupid". Si Ray Charles plantó la **semilla** del soul, Sam Cooke ayudó a **regarlo** y a hacerlo crecer.

En el lado más rockero del soul estaba el **Padrino**: James Brown. En ese momento, el motown transmitía sensaciones amigables, el soul tenía un espíritu religioso y James Brown era enérgico y funky. Muchos de los éxitos de soul o R&B eran baladas o canciones de amor, mientras que James Brown hacía claras y contundentes referencias al sexo y a la violencia, en canciones como "Get Up (I Feel Like Being a) Sex Machine" y "Payback". Para finales de la década de los 60, su música se posicionó claramente acerca de las relaciones interraciales, con canciones como "Say It Loud - I'm Black and I'm Proud".

El soul y el funk tenían el mismo objetivo: que los artistas negros recuperaran una forma de arte que habían ayudado a crear. El resultado fueron estilos muy originales e influyentes. **Al día de hoy**, la música dance, la electrónica y el hip hop toman mucho de las bandas de soul, funk y motown. Muchas canciones actuales *samplean* partes de melodías o ritmos de aquel tiempo. Un gran ejemplo de esto es la canción "Blurred Lines", de Robin Thicke (cuyas letras despertaron una gran controversia), que usa el ritmo de "Got to Give It Up", de Marvin Gaye.

Vocabulario:

se estaba difundiendo (difundirse) was spreading
contrató (contratar) hired
(el) sello label
(la) gira tour
(la) rama branch
(la) semilla seed
regarlo (regar) water ir
(el) Padrino Godfather
Al día de hoy to this day

¡Escuchemos!

"Why Do Fools Fall In Love" – Frankie Lymon & The Teenagers
"Get Up Offa That Thing" – James Brown
"Loco In Acapulco" – Four Tops
"Master Blaster (Jammin')" – Stevie Wonder
"Reet Petite" – Jackie Wilson
"Shop Around" – Smokie Robinson & The Miracles
"I Want You Back" – The Jackson 5
"Touch The Hem Of His Garment" – The Soul Stirrers
"You Send Me" – Sam Cooke
"Cupid" – Sam Cooke
"The Payback" – James Brown
"Say It Loud – I'm Black And I Am Proud" – James Brown
"Blurred Lines" – Robin Thicke
"Got To Give It Up" – Marvin Gaye

4.3 LA INVASIÓN BRITÁNICA

> - *The Beatles causó una verdadera revolución dentro del rock, tanto dentro como fuera de Inglaterra.*
> - *Algunos grupos ingleses siguieron sus pasos. Otros, en cambio, prefirieron diferenciarse lo más posible, creando estilos nuevos en el camino.*

LOS MUCHACHOS DE LIVERPOOL

En febrero de 1964, The Beatles se presentaron en *The Ed Sullivan Show* y **despertaron** la histeria del público estadounidense. En ese mismo programa, Davy Jones estaba promocionando un musical. Irónicamente, Davy Jones estuvo después en The Monkees, el programa de TV que parodiaba el fenómeno de The Beatles.

Cómo cuatro muchachos de Liverpool pudieron transformarlo todo ha sido el tema de muchos libros. No solo cambiaron el curso del rock, sino que además volvieron a posicionar a Gran Bretaña como foco cultural. Tuvieron un efecto **duradero** en la moda y la política. En los primeros días de la beatlemanía, algunos padres, asustados, empezaron a quemar sus discos.

Si bien sus **melenas** particulares y sus personalidades únicas los ayudaron a sobresalir, lo que realmente creó una moda tan grande fue su música. John, Paul, George y Ringo no solo eran grandes músicos, sino que además estaban **rodeados** por ingenieros de sonido y productores geniales, como Geoff Emerick y George Martin. Tenían el dinero y la fama para atraer a esos talentos. Las canciones que grabaron juntos eran la mezcla perfecta de rock, estándares de jazz, música clásica y baladas de amor. Escribían tantas canciones y de una manera tan brillante, que a cada oyente le iba a gustar, por lo menos, una canción.

Otro aspecto que ayudó a The Beatles a conquistar el mundo fue su habilidad para probar nuevas cosas. En sus **entrevistas**, todos decían que no estaban inventando nada nuevo y que no deseaban esa devoción. Obviamente, los integrantes de The Beatles eran humanos e imperfectos, pero proyectaban la imagen de querer una sociedad mejor. Ayudaban a difundir buenas causas sociales. Cuando las personas famosas tienen esta tendencia, suelen empujar a otros en esta misma dirección.

SWINGING LONDON

Hubo otras bandas muy influyentes dentro de la invasión británica, pero la mayoría copiaba el éxito de The Beatles. Sin embargo, algunas sentían que ese rock no era fiel a su estilo original. The Rolling Stones también querían participar de la nueva tendencia, pero lo hicieron con un **enfoque** blusero.

En general, para hablar de drogas o de sexo en sus canciones, The Beatles usaba un lenguaje en código. The Rolling Stones, The Animals y The Kinks eran más directos. La canción "Lola" de The Kinks fue un tema tabú, porque hablaba de una persona transgénero. Los adolescentes más rudos preferían este rock blusero, **áspero** y tabú. Más adelante, los padres que tenían miedo de The Beatles vieron a The Rolling Stones como incluso más peligrosos. Todos esos grupos llevaron a la revolución cultural conocida como "*Swinging London*".

Las actitudes liberales de las nuevas bandas de rock, como The Beatles y The Kinks, reflejaban el descontento de gran parte de la juventud. Y también lo amplificaban. Formaron parte de un movimiento contracultural, que incluía al hippismo, con fuertes **reclamos** políticos. Las causas principales de este movimiento eran la lucha contra la guerra, por la liberación sexual y por más derechos para los oprimidos.

El rock and roll, como el blues, en parte empezó como el canto de un grupo oprimido. Era una manera de hacer oír una voz marginada. La invasión británica, particularmente The Beatles, ayudó a difundir el componente político del rock dentro de la audiencia blanca. Las ideas y los sonidos de Inglaterra cambiaron la cultura de los Estados Unidos de la noche a la mañana.

Vocabulario:

despertaron (despertar) woke up
duradero lasting
(las) melenas manes
rodeados surrounded
(las) entrevistas interviews
(el) enfoque approach
áspero harsh
(los) reclamos claims

¡Escuchemos!

"Paint It, Black" – The Rolling Stones
"Don't Let Me Be Misunderstood" – The Animals
"Lola" – The Kinks

4.3 LA INVASIÓN BRITÁNICA

- *The Beatles causó una verdadera revolución dentro del rock, tanto dentro como fuera de Inglaterra.*

- *Algunas bandas inglesas continuaron con sus pasos. Otras, en cambio, prefirieron diferenciarse lo más posible, creando estilos nuevos en el camino.*

LOS MUCHACHOS DE LIVERPOOL

En febrero de 1964, The Beatles se presentaron en *The Ed Sullivan Show* y **despertaron** la histeria del público estadounidense. En ese mismo programa, Davy Jones estaba promocionando un musical. Irónicamente, Davy Jones estuvo después en The Monkees, el programa de TV que parodiaba el fenómeno de The Beatles.

Cómo cuatro muchachos de Liverpool pudieron transformarlo todo ha sido el tema de muchos libros. No solo cambiaron el curso del rock, sino que además volvieron a posicionar a Gran Bretaña como foco cultural. Tuvieron un efecto **duradero** en la moda y la política. En los primeros días de la beatlemanía, algunos padres, asustados, empezaron a quemar sus discos.

Si bien sus **melenas** particulares y sus personalidades únicas los ayudaron a sobresalir, lo que realmente creó una moda tan grande fue su música. John, Paul, George y Ringo no solo eran grandes músicos, sino que además estaban **rodeados** por ingenieros de sonido y productores geniales, como Geoff Emerick y George Martin. Tenían el dinero y la fama para atraer a esos talentos. Las canciones que grabaron juntos eran la mezcla perfecta de rock, estándares de jazz, música clásica y baladas de amor. Escribían tantas canciones y de una manera tan brillante, que a cada oyente le iba a gustar, por lo menos, una canción.

Otro aspecto que ayudó a The Beatles a conquistar el mundo fue su habilidad para probar nuevas cosas. En sus **entrevistas**, todos decían que no estaban inventando nada nuevo y que no deseaban esa devoción. Obviamente, los integrantes de The Beatles eran humanos e imperfectos, pero proyectaban la imagen de querer una sociedad mejor. Ayudaban a difundir buenas causas sociales. Cuando las personas famosas tienen esta tendencia, suelen empujar a otros en esta misma dirección.

SWINGING LONDON

Hubo otras bandas muy influyentes dentro de la invasión británica, pero la mayoría copiaba el éxito de The Beatles. Sin embargo, algunas sentían que ese rock no era fiel a su estilo original. The Rolling Stones también querían participar de la nueva tendencia, pero lo hicieron con un **enfoque** blusero.

En general, para hablar de drogas o de sexo en sus canciones, The Beatles usaba un lenguaje en código. The Rolling Stones, The Animals y The Kinks eran más directos. La canción "Lola" de The Kinks fue un tema tabú, porque hablaba de una persona transgénero. Los adolescentes más rudos preferían este rock blusero, **áspero** y tabú. Más adelante, los padres que tenían miedo de The Beatles vieron a The Rolling Stones como incluso más peligrosos. Todos esos grupos llevaron a la revolución cultural conocida como *"Swinging London"*.

Las actitudes liberales de las nuevas bandas de rock, como The Beatles y The Kinks, reflejaban el descontento de gran parte de la juventud. Y también lo amplificaban. Formaron parte de un movimiento contracultural, que incluía al hippismo, con fuertes **reclamos** políticos. Las causas principales de este movimiento eran la lucha contra la guerra, por la liberación sexual y por más derechos para los oprimidos.

El rock and roll, como el blues, en parte empezó como el canto de un grupo oprimido. Era una manera de hacer oír una voz marginada. La invasión británica, particularmente The Beatles, ayudó a difundir el componente político del rock dentro de la audiencia blanca. Las ideas y los sonidos de Inglaterra cambiaron la cultura de los Estados Unidos de la noche a la mañana.

Vocabulario:

despertaron (despertar) woke up
duradero lasting
(las) melenas manes
rodeados surrounded
(las) entrevistas interviews
(el) enfoque approach
áspero harsh
(los) reclamos claims

¡Escuchemos!

"Paint It, Black" – The Rolling Stones
"Don't Let Me Be Misunderstood" – The Animals
"Lola" – The Kinks

4.4 FOLK Y PSICODELIA

> - *En la ciudad de Nueva York, artistas de distintos lugares de Estados Unidos confluyeron y crearon un nuevo género con influencias folk.*
> - *En la costa oeste, la psicodelia causó una verdadera revolución.*

LA COSTA ESTE

Para ser justos, no solo The Beatles ayudaron a **impulsar** el progreso social. Como hemos visto, el soul y el R&B habían denunciado las injusticias en la sociedad por mucho tiempo. Los estilos de música blanca, como el folk, también tenían artistas activos políticamente. Woody Guthrie y Pete Seeger eran abiertamente socialistas y escribieron muchas canciones sobre los males sociales. La música folk no era solo melodías viejas: a veces también tenía un mensaje **contundente**.

Bob Dylan se inspiró en estos artistas de folk. Él empezó su carrera en Greenwich Village, en la ciudad de Nueva York. Allí se congregaron otros músicos famosos, como Joni Mitchell, Joan Baez y Lou Reed. Al principio, el folk no era muy receptivo hacia el rock, hasta que el grupo musical Peter, Paul & Mary junto a Bob Dylan grabaron canciones con un nuevo sonido. Dylan **conmocionó** al mundo cuando se volvió eléctrico. Y, una vez que lo hizo, muchos grupos de folk lo siguieron.

Bob Dylan conoció a The Beatles y los introdujo al cannabis. Como ellos mismos admitieron, ese consumo cambió su mirada sobre el mundo. Luego The Beatles se volvió mucho más **abierto** sobre el uso de drogas, especialmente cuando el LSD apareció en escena. Las drogas eran una manera de **permanecer despiertos** en un espectáculo o de desmayarse después. Bob Dylan les mostró que podían usarlas para expandir su mente e inspirarse para crear nuevas canciones.

Una vez que la música folk abrazó al rock, muchos artistas empezaron a mezclarla con otros géneros. Así, crearon el rock psicodélico. Las letras y melodías de este estilo estaban principalmente inspiradas en las drogas, tenían mayor conciencia social o, al menos, eran más poéticas. Ya no se trataba tanto de **preocupaciones adolescentes** como las **citas** o los coches veloces. El movimiento encontró rápidamente su hogar en la costa oeste de California.

LA COSTA OESTE

The Beach Boys ya había inspirado a The Beatles con sus armonías vocales a principios de la década de los 60. Pero, tras la beatlemanía, los integrantes de The Beach Boys **se dejaron crecer el pelo** y copiaron sus grabaciones monumentales. Sin embargo, el centro real de la escena psicodélica de la costa oeste estaba en San Francisco, en el distrito de Haight Ashbury. Los escritores habían ayudado a publicitar la zona.

Hunter S. Thompson habla del movimiento hippie en *Hell's Angels*. Ken Kesey se hizo conocido gracias a su libro *One Flew Over the Cuckoo's Nest* y usó su fama para recomendar el consumo de LSD. ¡Lo había conocido gracias a experimentos de la CIA! En esa época, el LSD no era ilegal, por lo que era fácil de difundir. Ken Kesey lo **repartía** en las presentaciones de su grupo, Merry Prancksters. Esas fiestas se hicieron conocidas como Acid Tests ¡y la banda que tocaba en esos espectáculos era The Grateful Dead!

The Grateful Dead, Jefferson Airplane y Janis Joplin se subieron al tren hippie que alcanzó su punto máximo en el Verano de Amor de 1967. Su música era una mezcla de folk, blues y country, y llevaban las melenas de The Beatles a otro nivel. Después de eso, el LSD se volvió ilegal y muchos músicos e ingenieros de sonido fueron encarcelados.

Sin embargo, no todos los músicos de la época consumían drogas. Frank Zappa era un compositor con un talento increíble que **incursionó** en prácticamente todos los subgéneros del rock. Su fama inicial llegó durante la era psicodélica, que no le gustaba. Se había declarado en contra de la cultura hippie y del uso de drogas. Zappa exigía la perfección de sus músicos y no permitía el consumo de drogas o alcohol. Pero su caso era una excepción. A finales de la década de los 60, el cannabis y los alucinógenos fueron reemplazados por drogas más duras.

Las sobredosis de músicos famosos, como Jimi Hendrix, Janis Joplin y Jim Morrison, no detuvieron el consumo de drogas. De hecho, el consumo aumentó y se volvió más complicado. No eran solo drogas callejeras. Las farmacéuticas producían nuevas anfetaminas, barbitúricos y todo tipo de sustancias químicas que también alteraban la mente.

Vocabulario:

impulsar promote
contundente blunt
conmocionó (conmocionar) shocked
abierto open
permanecer despiertos stay awake
(las) preocupaciones adolescentes teenage concerns
(las) citas dates
se dejaron crecer el pelo (dejarse crecer) let their hair grow
repartía (repartir) handed out
incursionó (incursionar) ventured

¡Escuchemos!

"Big Yellow Taxi" – Joni Mitchell
"Blowin' In The Wind" – Joan Baez
"Walk On The Wild Side" – Lou Reed
"Lucy In The Sky With Diamonds" – The Beatles
"White Rabbit" – Jefferson Airplane
"Me And Bobby McGee" – Janis Joplin
"Bobby Brown Goes Down" – Frank Zappa
"Purple Haze" – Jimi Hendrix
"People Are Strange" – The Doors

4.5 ROCK CLÁSICO

- *Los vínculos con el country producen un nuevo género: el rock sureño.*

- *Algunos artistas buscan presionar los límites del rock con canciones largas y estilos y métricas complejos.*

COUNTRY Y FOLK ROCK

A medida que la historia del rock avanza, los géneros se mezclan y se vuelven **borrosos**. Por eso el término "rock clásico" abarca una gran variedad de estilos. En la década de los 70, el término se usaba para bandas con onda de blues. Sin embargo, también ocurre que muchas bandas de este género tienen antecedentes en el country y el folk.

El sur de Estados Unidos ha sido siempre el **semillero** de la música popular. Sus tradiciones musicales inspiraron a las bandas de rock country de todo el país: Creedence Clearwater Revival era de California, pero ellos querían sonar como si fueran de Louisiana. Esta mezcla entre el blues sureño y el rock psicodélico despegó inmediatamente, con bandas como Canned Heat o The Band. Posteriormente, los conjuntos sureños aceptaron ese sonido como propio.

En Florida, The Allman Brothers Band practicaba el mismo rock sureño, pero mezclado con influencias clásicas y del jazz. Al igual que The Grateful Dead, se concentraban en largas improvisaciones. La banda hacía riffs durante un rato, sin melodías o ganchos fuertes. Esto venía de las fiestas psicodélicas de LSD, en donde la gente podía **"desenchufarse"** un rato.

Posteriormente, estas bandas inspiraron al rock sureño real, con bandas como The Marshall Tucker Band, Lynyrd Skynyrd o incluso grupos posteriores como The Black Crowes. Estas bandas también entraban en el género "americana", ya que su música estaba dirigida a los trabajadores de clase obrera estadounidenses. Eso las **emparentaba** con Bruce Springsteen, cuyo estilo se conoció como "heartland rock". Este estilo de rock está inspirado en el folk y sus mensajes poéticos-sociales, como el éxito "Born in the USA".

El rock clásico es otro árbol con muchas ramas, que va desde The Eagles hasta Billy Joel. Algunos grupos tienen un estilo franco y sencillo, que evoca el sentimiento de las canciones folk, y otros se pierden en improvisaciones y melodías extravagantes.

¡ROCK CLÁSICO PROGRESIVO Y COMPLICADO!

A algunos músicos les gusta tomar los elementos más simples del rock y usarlos para componer canciones largas y complicadas. Grupos como Pink Floyd experimentaban tanto con sus sonidos que se les atribuye la creación del rock clásico progresivo. ¡**Probaron** de todo para lograr un sonido diferente!

The Beatles había perfeccionado el arte del álbum conceptual. Bandas progresivas, como Pink Floyd, aprovecharon este recurso para exponer sus propias historias. *The Dark Side of the Moon* era una mezcla de guitarras, sintetizadores, bucles de cinta magnética y marcas de tiempo extrañas sobre la **codicia**, la muerte y las enfermedades mentales. El rock progresivo no iba de músicas pegadizas para sentirse bien: era un arte serio.

Este estilo incluía instrumentos sinfónicos y de orquesta, además de los instrumentos y sintetizadores comunes en el rock. Algunos músicos habían hecho esto en una o dos canciones, pero King Crimson, una de las bandas más influyentes del género, **abordó** cada pieza de manera experimental. Robert Fripp, uno de sus fundadores, estaba muy interesado en las métricas asimétricas, cosa que aplicó en canciones como "Frame by Frame". Y, como dijimos antes, el rock prefiere patrones y métricas regulares. Por eso el rock progresivo nunca fue tan popular: rompe demasiadas reglas. Pero King Crimson fue lo suficientemente **asombroso** como para inspirar grupos como Yes y Genesis.

A su vez, a medida que la década de los 70 avanzaba, los géneros musicales empezaron a dividirse nuevamente en mercados étnicamente marcados. Como antes había ocurrido con el R&B y el primer rock, en los setenta había una oposición entre el funk y el rock clásico. La diferencia tenía que ver con el tipo de público al que estaban orientados y también con la etnia de sus principales artistas.

Por supuesto, había artistas que incursionaban en todos los géneros, pero la tendencia era que los artistas negros se dedicaran al funk y al dance, mientras que los blancos se dedicaban al rock clásico, ya sea progresivo o country.

Vocabulario:

borrosos blurry
(el) semillero seedbed
desenchufarse to unplug
emparentaba (emparentar) linked
probaron (probar) tried
(la) codicia greed
abordó (abordar) tackled
asombroso amazing

¡Escuchemos!

"Bad Moon Rising" – Creedence Clearwater Revival
"Going Up The Country" – Canned Heat
"The Night They Drove Old Dixie Down" – The Band
"Fire On The Mountain" – The Marshall Tucker Band
"Sweet Home Alabama" – Lynyrd Skynyrd
"She Talks To Angels" – The Black Crowes
"Born In The U.S.A." – Bruce Springsteen
"Take It Easy" – Eagles
"We Didn't Start The Fire" – Billy Joel
"Wish You Were Here" – Pink Floyd
"Frame By Frame" – King Crimson

4.6 MÚSICA DANCE

- *El R&B continúa aportando novedades a la música popular. Esta vez, ¡es muy funky!*

- *La escena musical de Jamaica produce tres géneros nuevos: el "reggae", el "ska" y el "rocksteady".*

HAZLO FUNKY

La música dance, sobre todo la música disco, evolucionó del R&B. Muchos de sus primeros artistas venían del motown, del soul y del funk. Isaac Hayes, por ejemplo, estuvo presente en todos esos géneros de la década de los 60: pasó de Booker T. & the M.G.'s, uno de los grupos de R&B más populares, a escribir uno de los primeros éxitos de música disco.

Isaac Hayes se inició como músico de sesión y compositor. Escribió éxitos como "Soul Man", popularizado por Sam & Dave, y el tema de la película *Shaft*. La película estaba muy influída por el movimiento del *black power* y fue el inicio de un género llamado "Blaxploitation". Estas películas tenían actores negros y contaban historias violentas que trataban temas de raza y sexualidad. La canción que escribió Isaac Hayes en 1971 tiene todo el estilo del funk y presagia la música disco. Su estética es tan vanguardista que mucha gente cree que se editó tiempo después

En la misma época en que se editó *Shaft*, muchos artistas de soul aparecieron en el programa de variedades *Soul Train*. A diferencia de otros programas que hemos mencionado, este estaba dirigido a un público negro. Era el escenario ideal para las bandas de funk, dance o hip hop.

La década de los 70 no solo produjo muchos géneros musicales nuevos. También estuvo marcada por el fin de un largo período de **crecimiento económico**. Y, como hemos visto, cuando los tiempos se ponen difíciles, el rock se vuelve más hedonista. Ya sea con música funk psicodélica, como Parliament Funkadelic, o con bailes simples como "The Hustle", el objetivo principal era **pasarlo bien**.

A medida que la música disco se convertía en su propio género y se extendían las discotecas, el género se empezó a asociar con el incipiente movimiento gay de la década del 70. En muchos países todavía había leyes en contra de la homosexualidad. Esta cultura les **proporcionaba** a algunas personas una comunidad y un espacio seguro. El éxito disco "I Will Survive", de Gloria Gaynor, es un himno para muchas personas del colectivo LGBT+.

EL CARIBE TODAVÍA TIENE INFLUENCIA

El funk no fue la única influencia del dance y la música disco. Décadas atrás, el jazz y el swing, dos géneros muy **vinculados** al rock, habían sido influídos por los ritmos afrocubanos de las islas del Caribe y América Latina. Los primeros artistas de rock como Ritchie Valens, The

Champs y Sam the Sham and the Pharaohs usaban pulsos de estilo latino. El mambo, la salsa y la bossa nova crecieron con el rock desde los primeros días. Pero hubo una isla del Caribe en particular que realmente cambió el curso de la música dance.

En Jamaica se generaron tres estilos de rock, conocidos como "ska", "rocksteady" y "reggae". El músico más influyente de Jamaica fue, de largo, Bob Marley. Empezó como artista de ska y rocksteady en Kingston y, más tarde, se convirtió al movimiento rastafari. El reggae era la versión rastafari de la música gospel, y con el tiempo se asoció a la danza y a la moda.

Bob Marley fue un gran compositor, pero fue mucho más que eso. También fue un activista político. En su primera época estaba más asociado al pop y al dance, pero con el paso del tiempo incorporó declaraciones sociales en sus discos con The Wailers, como "Get Up, Stand Up". Originalmente esa canción estaba pensada como un **grito de guerra** rastafari, pero ha ido ganando reconocimiento mundial como **una llamada a la acción** contra todos los opresores. Pese a que murió joven, su música lo puso (a él, a su país y a las causas que defendía) en los libros de historia.

Lee Scratch Perry fue uno de los más talentosos productores de Bob Marley. Él fue pionero en las técnicas de magnetófonos que luego usarían los artistas de música disco y hip hop. El tiempo que pasaron Perry y Marley en Inglaterra ayudó a crear la segunda ola del ska (o *2 tone*). Si bien el reggae era popular, lo que realmente movía a las

masas era el ska, con grupos como The Specials o Madness.
En Estados Unidos también ocurrió esta misma moda, no
una, sino dos veces. La última fue en la década de los 90,
con bandas como No Doubt o Sublime.

Vocabulario:

(el) crecimiento económico economic growth
pasarla bien have a good time
proporcionaba (proporcionar) provided
vinculados linked
(el) grito de guerra battle cry
(el) llamado a la acción call to action

¡Escuchemos!

"Soul Man" – Sam & Dave
"I Will Survive" – Gloria Gaynor
"We Belong Together" – Ritchie Valens
"Tequila" – The Champs
"Wooly Bully" – Sam The Sham & The Pharaohs
"Could You Be Loved" – Bob Marley & The Wailers
"Get Up, Stand Up" – Bob Marley & The Wailers

4.7 PUNK Y NEW WAVE

- *En Estados Unidos y en Inglaterra se desarrolla, casi simultáneamente, un nuevo estilo frenético y furioso: el punk.*
- *Bandas como The Talking Heads y solistas como David Bowie demuestran la amplitud de estilos del rock and roll.*

EL PUNK ES GARAGE ROCK ENOJADO

Si la música disco era el costado **deslumbrante** y glamoroso del dance, el punk era el costado crudo y **sudoroso**. Era un género muy variado: algunos estilos eran básicos y bailables, y otros eran duros y agresivos. En general, el punk era más simple y ruidoso, mientras que la new wave era más artística, pero esto no fue siempre así.

Algunos clubes de la ciudad de Nueva York, como el CBGB, empezaron a presentar bandas que eran, a la vez, artísticas y **descuidadas**. Patti Smith, una performer y artista feminista, era una de ellas. Su sencillo "Piss Factory" es mencionado muchas veces como la primera canción punk. Sin embargo, si lo escuchamos hoy, "Piss Factory" no suena exactamente como lo que solemos llamar punk. Eso es porque el punk no era tanto un estilo como un acercamiento DIY a la música (*Do It Yourself*: hazlo tú mismo, por sus siglas en inglés). Los Ramones eran otra banda del CBGB que tocaban garage rock fuerte y simple, con canciones emblemáticas como "Blitzkrieg Bop".

En Inglaterra, al mismo tiempo, se desarrollaba una escena musical parecida. La aparición de The Sex Pistols, que eran incluso más obscenos que The Ramones o Patti Smith, impulsó al rock en una dirección más caótica. Su antimoda, su odio por la audiencia y su **desdén** por la música en general **sentaron las bases** para muchas bandas de punk. Algunos años después, el movimiento hardcore punk ya tenía bandas como Black Flag y Bad Brains.

Aunque el punk no comenzó como un estilo de música específico, en la década de los 80 estaba asociado con visiones políticas extremistas. Esto abarcaba desde el anarquismo radical hasta la extrema derecha, y fue este último sector, identificado con mensajes de odio, violencia y racismo, el que recibió más cobertura mediática. Resultó ser que no todas las personas eran bienvenidas. Las bandas que quisieron diferenciarse de esa escena adoptaron el nombre de new wave.

LA NEW WAVE SIGUE SIENDO PUNK

Television también salió del CBGB. Este grupo fue esencial en la creación de las escenas del punk y de la new wave. A diferencia de otros grupos de punk, Television dominaba sus instrumentos e intentaba mezclar estilos e improvisar. Mostraron a los **oyentes** que un simple grupo de garage podía crear música artística. Además, inspiraron a muchos universitarios de clase media a crear sus propios grupos de punk.

The Talking Heads fue otro acto destacado de la new wave del CBGB. Su cantante, David Byrne, era conocido por el uso de estilos folclóricos de otras culturas; su bajista, Tina Weymouth, mezclaba ritmos funky y disco. Además, **aprovecharon** los nuevos sintetizadores que ya se venían usando para el funk, la música disco y el R&B. Si bien empezaron como una actuación de punk rock, eventualmente incorporaron todos los estilos de música que se cruzaron.

Y no podemos dejar de lado una de las bandas punk más influyentes de todas: Sparks. Este grupo recién ahora está teniendo todo el crédito que **merece**. Sparks es un dúo de hermanos que ha estado tocando electrónica, punk y glam desde la década de los 60. Si bien tuvieron algunos éxitos, sus seguidores siempre fueron de culto y nunca **alcanzaron** una gran popularidad. ¡Muchos de sus mayores fans son músicos de otras bandas!

David Bowie tuvo mucha más fama que Sparks, pero también es difícil de clasificarlo en un solo género. Bowie no era tan innovador musicalmente, pero tenía buen ojo para saber lo que la gente iba a disfrutar. Creó álbumes conceptuales y personajes atrevidos, como Ziggy Stardust y The Thin White Duke y jugó con géneros como la psicodelia, el glam, la música dance, el new wave, el soul, la electrónica y el metal industrial. Bowie no necesitaba ser innovador, porque era increíblemente versátil: su estilo único le demostró al mundo todo lo que podía ser el rock and roll.

Vocabulario:

deslumbrante dazzling
sudoroso sweaty
descuidadas careless
(el) desdén disdain
sentaron las bases (sentar las bases) laid the foundation
(los) oyentes listeners
aprovecharon (aprovechar) took advantage
alcanzaron (alcanzar) reached

¡Escuchemos!

"Piss Factory" – Patti Smith
"Blitzkrieg Bop" – Ramones
"Rise Above" – Black Flag
"Sailin' On" – Bad Brains
"Once In A Lifetime" – Talking Heads
"Amateur Hour" – Sparks
"Ziggy Stardust" – David Bowie

4.8 METAL Y GRUNGE

- *La búsqueda de sonidos más pesados y oscuros produce nuevos subgéneros dentro del rock.*

- *Algunos músicos deciden volver a las fuentes y crear un estilo simple, pero contundente: el grunge.*

EL GARAGE ROCK SE ENCUENTRA CON LA MÚSICA CLÁSICA

Grupos como Black Sabbath o Deep Purple ayudaron a convertir al rock pesado en el heavy metal, pero en general no se asocian con los sonidos más pesados. Cuando hablamos de esos géneros, solemos pensar en bandas de los ochenta o los noventa. Y pensamos, principalmente, en Eddie Van Halen. Él es uno de los mayores exponentes de las primeras épocas del heavy metal. Sus escalas exóticas, sus **rasgueos** de guitarra y su increíble velocidad **volaban las cabezas** del público. El solo que hizo en "Beat It", la canción de Michael Jackson, ayudó a difundir el sonido del heavy metal en un público pop.

Muchos guitarristas de heavy metal **le deben** su música a Eddie Van Halen. El éxito de su banda dio inicio al renacimiento glam de Los Ángeles, con bandas como Quiet Riot, Ratt y Mötley Crüe. Estos grupos tenían un estilo pop, que se apoyaba menos en los solos. Por eso algunas bandas de heavy metal sentían que no eran lo bastante duros. Ellos querían una música más rápida y más fuerte. ¡Querían *thrash*!

Uno de los grupos fundadores del thrash metal es Metallica. Se basaban en tonalidades graves y en percusiones rápidas para hacer que su sonido fuera lo más duro posible. Hicieron un gran trabajo mezclando el heavy metal con la música clásica, y también con el pop. Tuvieron grandes éxitos: el primer álbum de platino de thrash metal fue *Master of Puppets*, de Metallica, que influyó a muchos futuros guitarristas.

A pesar de que el heavy metal puede ser oscuro y ruidoso, es un género lleno de músicos virtuosos. Un guitarrista solista puede incluir arpegios y escalas a tiempos de 200 PPM (pulsaciones por minuto) o más. Los bateristas también deben mantener una velocidad vertiginosa a la perfección. Uno de los bateristas de metal progresivo más rápidos e influyentes es Michael Mangini, de la banda Dream Theatre.

EL GRUNGE ES SIMPLE Y PESADO

En el glam y el thrash metal, los músicos estaban muy preocupados por los aspectos técnicos de sus canciones. El grunge, en cambio, fue creado a partir de una mezcla **fangosa** de garage rock, punk y metal. Sonic Youth son citados a menudo como una de las primeras influencias del género, pero esto es verdad solo **hasta cierto punto**. Ellos empezaron en Nueva York como una banda "no wave" —un **juego de palabras** con "new wave"— y eventualmente su estilo se hizo popular, pero el sonido fangoso del grunge vino de otra parte.

En 1983, The Melvins, una banda del estado de Washington, comenzó a tocar hardcore punk. Rápidamente cambiaron a un estilo más lento y pesado. Apoyados en marcas de tiempo raras y en sonidos desagradables, crearon el sludge metal. Muy pronto, Seattle (Washington) se convirtió en la capital de este nuevo subgénero del metal. Y ese fue el **caldo de cultivo** para el grunge, con bandas como Pearl Jam y Mudhoney.

Sin embargo, fue Kurt Cobain, con Nirvana, quien convirtió el grunge en un género masivo. El sonido de Nirvana estaba muy distorsionado; usaban acordes de quinta simples y riffs de batería llamativos, con letras que hablaban de la alienación y la depresión. Como siempre, el consumo de drogas tuvo un gran impacto: muchos de los músicos de grunge eran adictos a la heroína. No tenían **reparos** en admitir esto y esa sinceridad ayudó a que muchos de los adolescentes de la década de los 90 sintieran un vínculo fuerte.

La influencia de Nirvana duró poco, pero ayudó a formar la escena del rock alternativo. Kurt Cobain demostró que no es necesario ser un músico profesional o un maestro letrista para influir en el mundo con la música. Incluso bandas modernas que no tienen nada que ver con el grunge o el metal consideran que Nirvana fue una gran inspiración. Muchas personas de la generación X consideran a Kurt Cobain como su **portavoz**: su legado va mucho más allá de la música.

Vocabulario:

(los) rasgueos strums
volaban las cabezas (volar las cabezas) blew the heads
le deben (deber) owe him
fangosa muddy
hasta cierto punto up to a point
(los) juegos de palabras wordplay
(el) caldo de cultivo breeding ground
(los) reparos qualms
(el) vocero spokesperson

> ### ¡Escuchemos!
>
> "N.I.B." – Black Sabbath
> "When A Blind Man Cries" – Deep Purple
> "Runnin' With The Devil" – Van Halen
> "Beat It" – Michael Jackson
> "Bang Your Head" – Quiet Riot
> "Lay It Down" – Ratt
> "Take Me To The Top" – Mötley Crüe
> "Master Of Puppets" – Metallica
> "Pull Me Under" – Dream Theater
> "Honey Bucket" – Melvins
> "Last Kiss" – Pearl Jam
> "Touch Me I'm Sick" – Mudhoney
> "Where Did You Sleep Last Night" – Nirvana

4.9 ROCK ALTERNATIVO Y RAP

- *¡Ya no es necesario contar con un sello discográfico! Algunos grupos prefieren hacerlo todo por su cuenta.*

- *El rap y el rock empiezan a cruzarse, y dan lugar al nu metal y a bandas como Red Hot Chili Peppers.*

POP ALTERNATIVO

A mediados de la década de los 90, la música alternativa, que siempre **había pertenecido** a la escena independiente, se popularizó. Los grupos que no estaban en los sellos grandes **recorrían** el país por su cuenta, tocando y vendiendo sus productos.

En algunos casos, músicos que tocaban punk o rock duro empezaron a añadir un poco de pop a sus canciones. El primer grupo en iniciar esta tendencia fue Hüsker Dü. Básicamente, establecieron que no era necesario que el punk y el heavy metal tuvieran sonidos tan pesados. Agregaron más melodías a sus canciones y eso ayudó a mezclar los estilos duros con el art rock universitario. Los grupos que entraban en el estilo de art rock eran R.E.M. y Violent Femmes.

De algún modo, lo alternativo se convirtió en una manera de **etiquetar** a las bandas que eran un poco atrevidas, pero que aun así hacían canciones pegadizas. Muchos de esos grupos recuperaron la energía alegre de la psicodelia y del bubblegum pop. Eventualmente, la música alternativa se convirtió en otro género impreciso, que abarcaba estilos muy distintos entre sí. Sin embargo, hubo dos bandas que **resaltaron por sobre las demás.**

Una de ellas fue Weezer. Este grupo no **se aferró** al grunge enojado de la época, sino que escribió melodías nostálgicas inspiradas en muchos sonidos y estilos diferentes. Sus letras hablaban por igual de la diversión y la depresión. Al igual que Radiohead, el objetivo de Weezer era experimentar con la música, pero aun así trataba de hacer feliz al público con una buena canción de rock. De eso se trataba la música alternativa: de mezclar géneros ¡siempre y cuando eso resultara en una buena melodía!

La banda Ween no fue tan conocida como Weezer, pero también representaba este estilo experimental. A principios de la década de 1990, grababan sus discos en casa, con cintas de casete básicas. Ween tocaba una variedad de estilos y cada canción sonaba como un nuevo experimento loco de la banda. Hasta el día de hoy tienen seguidores de culto, como Sparks, debido a la música extraña e impredecible que escribieron. ¡Estos grupos nos demostraron que los estilos y los géneros ya no importaban! Cuando se trata de rock and roll, se puede mezclar o tocar lo que sea.

LA MÚSICA ALTERNATIVA
INSPIRADA EN EL RAP

Así como el pop, el punk y el metal le dieron forma a la música alternativa moderna, ¡también lo hizo el rap! El hip hop fue la explosión musical de la década de los 80 y el rock no tuvo otra opción que aceptarlo.

Una de las figuras más importantes del rap fue un productor llamado Rick Rubin. Cuando era joven, Rubin tocaba en The Pricks, una banda punk. Comenzó un sello discográfico para estas bandas duras, pero no tuvo mucha suerte. Entonces conoció al promotor Russell Simmons, quien lo ayudó a poner en marcha el **sello discográfico** Def Jam.

Rubin y Simmons **firmaron** primero con Public Enemy. Y tuvieron un éxito fenomenal. Después, para aprovechar el momento, empezaron a incentivar cruces entre el punk, el rock y el hip hop. Poco después firmaron con Beastie Boys y Red Hot Chili Peppers, los primeros artistas blancos de rap rock. Pero su movimiento más inteligente fue hacer que Aerosmith colaborara en el éxito de Run-D.M.C. "Walk This Way". Esa canción y su videoclip prácticamente crearon el género rap rock.

El canal MTV vio mucho éxito con estos cruces de rap rock. En la mayoría de los casos, simplemente se rapeaba sobre canciones viejas, como Tone-Lōc usando "Jamie's Cryin", de Van Halen, en "Wild Thing". El caso más famoso fue, por supuesto, el de Vanilla Ice rapeando sobre

"Under Pressure". Viéndolo en retrospectiva, su canción produce un poco de **vergüenza ajena**, pero en su momento impulsó a muchos artistas blancos a acercarse al rap.

A mediados de la década de los 90, el rap rock se convirtió en un género muy común y establecido, con bandas como Limp Bizkit, 311 o Kid Rock. Algunas bandas de rap rock usaban su popularidad para asuntos sociales, como Rage Against the Machine o Arrested Development, pero la mayoría simplemente cantaba sobre la fiesta y la **diversión**.

Hoy en día, mucha gente ve al rap rock como una especie de **broma**. Se ha vuelto poco cool. Sin embargo, todavía hay grupos de rapcore, rap rock y música electrónica, solo que no se ven de la misma manera que antes. Y muchos de estos grupos ya no tocan rock ¡o, por lo menos, hay personas que están dispuestas a discutirlo!

Vocabulario:

habían pertenecido (pertenecer) had belonged
recorrían (recorrer) toured
etiquetar to label
resaltaron por sobre los demás (resaltar por sobre los demás) stood up above the others
se aferró (aferrarse) clung
(el) sello discográfico record label
firmaron (firmar) signed
(la) vergüenza ajena cringe
(la) diversión fun
(la) broma joke

¡Escuchemos!

"It's The End Of The World As We Know It (And I Feel Fine)" – R.E.M.
"Man On The Moon" – R.E.M.
"Add It Up" – Violent Femmes
"Island In The Sun" – Weezer
"Karma Police" – Radiohead
"Ocean Man" – Ween
"State of Mind" – The Pricks
"Bring The Noise" – Anthrax & Public Enemy
"Fight For Your Right" – Beastie Boy
"Scar Tissue" – Red Hot Chili Peppers
"Walk This Way" – Run-D.M.C. feat Aerosmith
"Jamie's Crying" – Van Halen
"Wild Thing" – Jimi Hendrix
"My Way" – Limp Bizkit
"American Bad Ass" – Kid Rock
"Bulls On Parade" – Rage Against The Machine
"Since The Last Time" – Arrested Development

4.10 ROCK MODERNO Y EL FUTURO

> - *En el panorama musical actual, todo está permitido. ¡Hay muchas formas de rockanrolear!*

En los tiempos modernos, no es fácil nombrar a personas influyentes en el rock. Hay estrellas famosas, como Hozier, Maroon 5, Måneskin, Arcade Fire y muchas otras bandas únicas y vanguardistas. Pero es muy difícil precisar quién está en qué género. Además, no sabemos todavía si son estrellas pasajeras o si harán grandes cambios.

Como hemos aprendido en este libro, la historia de la música va simplemente de artistas copiando a otros. En la primera época del rock, era mucho más fácil identificar las tendencias y acontecimientos que cambiarían el curso de la historia. Pero hoy el mundo es un lugar muy diferente. Años atrás, la sociedad estadounidense tenía una **cantidad reducida** de emisoras de radio, canales de televisión y sellos discográficos. Hoy en día tenemos múltiples sitios de *streaming* donde los músicos pueden lanzar su propia música.

Esto ha creado una fusión masiva del árbol del rock, en donde las ramas nunca se cortan realmente. Podemos tomar una canción moderna, como "Old Town Road" de Lil Nas

X, y encontrar elementos musicales de diferentes géneros. Es una canción de rock, de rap, de electrónica y de country, ¡todo en una! Los géneros musicales son realmente una cosa del pasado. La música **se dirige** ahora hacia la fusión.

El rock and roll está tan presente en la música, las películas y el entretenimiento en general, ¡que a veces nos olvidamos de que ni siquiera tiene 100 años! Si pensamos en términos históricos, es muy poco tiempo. Sin embargo, es innegable que, en sus siete décadas de vida, ha sido un poderoso motor de cambio. Ha modificado las tendencias mundiales en el arte, la moda y la música, y también ha tenido un fuerte impacto político. Quizás no pudo resolver los principales problemas de la sociedad, pero sí ha señalado sus defectos. Y eso ha tenido consecuencias inmensas.

En algún punto, no debería sorprendernos que la sociedad contemporánea, tan distinta a la que dio origen al rock, produzca otro tipo de música. Es algo esperable. El rock surgió durante la década del cincuenta, la época de la radio y las guitarras eléctricas; hoy vivimos en la era del *streaming* y los ordenadores. De hecho, ya ni siquiera hace falta un ordenador, ¡alcanza con un *smartphone*! Y si no me crees, puedes escuchar *Ego Death*, de The Internet, un disco producido casi íntegramente desde un iPhone.

Sin embargo, detrás de todos esos cambios, algo permanece. Así como el rock se alimentó de las innovaciones del jazz, del R&B y de tantos otros géneros similares, lo mismo pasa con estos nuevos estilos. Por eso, estoy seguro de que, si escuchas de cerca estas nuevas canciones, ¡podrás oír el contratiempo del rock!

Vocabulario:

(la) cantidad reducida small amount
se dirige (dirigirse) is directed

¡Escuchemos!

"Take Me To Church" – Hozier
"Makes Me Wonder" – Maroon 5
"Zitti e Buoni" – Måneskin
"Wake Up" – Arcade Fire
"Old Town Road" – Lil Nas X

BIBLIOGRAFÍA

BBC. (24 de septiembre de 2014). *Burtonwood - an introduction.* https://www.bbc.co.uk/liverpool/localhistory/journey/american_connection/burtonwood/intro/facts.shtml

Britannica. (s.f.). *Rock in the 1980s and '90s.* https://www.britannica.com/art/rock-music/Rock-in-the-1980s-and-90s

Brown, C. (1992). *The Art of Rock and Roll.* Prentice-Hall.

Cooper, H. (1982). *The Basic Guide To How To Write Music.* Putnam.

Corte Suprema de Justicia de los Estados Unidos. Brown v. Board of Education of Topeka, 347 U.S. 483; 17 de mayo de 1954.

Dato Karchava [nombre de usuario]. (14 de diciembre de 2015). *Ringo Starr Shows How to play Ticket to Ride, Come Together and Back off Boogaloo* [Archivo de video]. YouTube https://www.youtube.com/watch?v=vl9188EPdLI

Dembska, A. y Harkness, J. (2002). *You've Got Rhythm.* Flying Leap Music.

EMI. (s.f.). *History of recorded music timeline.* https://www.emiarchivetrust.org/about/history-of-recording/

George-Warren, H. (2001). *The Rolling Stone Encyclopedia of Rock & Roll.* (3° ed.). Touchstone.

Gulla, B. (2007). *Icons of R&B And Soul.* Greenwood Publishing Group.

Jordan, W. (1996). *The Americans.* McDougal Littell.

Kaye, L. (2022). *Lightning Striking.* HarperCollins.

Kershaw, A. (2014). *No Off Switch.* Buster Press.

Liu, L. (2007). *The Chinese Neolithic: Trajectories to Early States.* Cambridge University Press.

Moogseum. https://moogseum.org

Morrow, B. (2009). *Rock & Roll And The Beat Goes On.* Imagine.

Palmer, R. (1981). *Deep Blues.* Penguin Books.

Palmer, R. (1990). *The 50's: A Decade of Music That Changed The World.* Simon and Schuster.

Platón. (1943). *The Republic.* Books, Inc.

Taysom, J. (6 de noviembre de 2020). John Lennon defends The Beatles "ripping off" Black musicians in a handwritten note. *Far Out.* https://faroutmagazine.co.uk/john-lennon-defends-beatles-ripping-off-black-musicians-in-a-handwritten-note/

The United Service Magazine. (Agosto de 1835).

Thibodeaux, R. (2009). "My Smokey Valentine" [Canción]. Motown.

VWML Song Index SN17648. *The Baffled Knight* (versión de William Fender) [canción]. The Vaughan Williams Memorial Library.

Ward, E. (2019). *The History of Rock and Roll.* Flatiron Books.

Wald, E. (2009). *How The Beatles Destroyed Rock 'N' Roll.* Oxford University Press.

Who sampled. (s.f.). *Funky Drummer by James Brown.* https://www.whosampled.com/James-Brown/Funky-Drummer/

FIN

THANKS FOR READING!

I hope you have enjoyed this book and that your language skills have improved as a result!

A lot of hard work went into creating this book, and if you would like to support me, the best way to do so would be to leave an honest review of the book on the store where you made your purchase.

Want to get in touch? I love hearing from readers. Reach out to me any time at *olly@storylearning.com*

To your success,

Olly Richards

MORE FROM OLLY

If you have enjoyed this book, you will love all the other free language learning content I publish each week on my blog and podcast: *StoryLearning*.

Blog: Study hacks and mind tools for independent language learners.

www.storylearning.com

Podcast: I answer your language learning questions twice a week on the podcast.

www.storylearning.com/itunes

YouTube: Videos, case studies, and language learning experiments.

www.youtube.com/ollyrichards

COURSES FROM OLLY RICHARDS

If you've enjoyed this book, you may be interested in Olly Richards' complete range of language courses, which employ his StoryLearning® method to help you reach fluency in your target language.

Critically acclaimed and popular among students, Olly's courses are available in multiple languages and for learners at different levels, from complete beginner to intermediate and advanced.

To find out more about these courses, follow the link below and select "Courses" from the menu bar:

https://storylearning.com/courses

"Olly's language-learning insights are right in line with the best of what we know from neuroscience and cognitive psychology about how to learn effectively. I love his work!"

Dr. Barbara Oakley,
Bestselling Author of "A Mind for Numbers"

Made in United States
North Haven, CT
10 April 2024

51151681R00171